JESPER JUUL

Vier Werte,

die Eltern & Jugendliche durch die Pubertät tragen

Jesper Juul, 1948 in Dänemark geboren, fuhr nach seinem Realschulabschluss zur See, arbeitete als Bauarbeiter, Tellerwäscher und Barkeeper. Später studierte er Geschichte und Religion und war drei Jahre lang als Lehrer und Sozialpädagoge tätig.
Er entwickelte dabei eine eigenständige Therapie- und Beratungsform für die ganze Familie, handlungsorientiert und praxisnah. Nachdem er 25 Jahre lang das renommierte »Kempler Institute of Scandinavia« geleitet hatte, gründete er 2004 sein Elternberatungszentrum »familylab International«.
Jesper Juul hat einen erwachsenen Sohn sowie einen Enkelsohn und ist geschieden. Er ist einer der erfolgreichsten Autoren der letzten Jahre im Bereich Erziehung, viele seiner Bücher wurden in mehrere Sprachen übersetzt.

JESPER JUUL

Vier Werte, die Eltern & Jugendliche durch die Pubertät tragen

QUALITÄTS G|U GARANTIE

DIE GU-QUALITÄTSGARANTIE

Wir möchten Ihnen mit den Informationen und Anregungen in diesem Buch das Leben erleichtern und Sie inspirieren, Neues auszuprobieren. Bei jedem unserer Produkte achten wir auf Aktualität und stellen höchste Ansprüche an Inhalt, Optik und Ausstattung. Alle Informationen werden von unseren Autoren und unserer Fachredaktion sorgfältig ausgewählt und mehrfach geprüft. Deshalb bieten wir Ihnen eine 100 %ige Qualitätsgarantie.

Darauf können Sie sich verlassen:
Wir bieten Ihnen alle wichtigen Informationen sowie praktischen Rat – damit können Sie dafür sorgen, dass Ihre Kinder glücklich und gesund aufwachsen. Wir garantieren, dass:

- alle Übungen und Anleitungen in der Praxis geprüft und
- unsere Autoren echte Experten mit langjähriger Erfahrung sind.

Wir möchten für Sie immer besser werden:
Sollten wir mit diesem Buch Ihre Erwartungen nicht erfüllen, lassen Sie es uns bitte wissen! Nehmen Sie einfach Kontakt zu unserem Leserservice auf. Sie erhalten von uns kostenlos einen Ratgeber zum gleichen oder ähnlichen Thema. Die Kontaktdaten unseres Leserservice finden Sie am Ende dieses Buches.

GRÄFE UND UNZER VERLAG. *Der erste Ratgeberverlag – seit 1722.*

INHALT

Perfekte Eltern? Die gibt es nicht. Und es muss sie auch nicht geben. So wie die Kinder heranwachsen und sich zu Jugendlichen und jungen Erwachsenen entwickeln, so wachsen die Eltern mit den Aufgaben und immer neuen Herausforderungen, die in jeder Familie anders sind. Denn in jeder Familie herrscht eine spezielle Dynamik. Und diese macht das Familienleben so spannend – jeden Tag. Denn jeden Tag aufs Neue erleben die Eltern, wie ihre Kinder sich weiterentwickeln, meistens sehr positiv, manchmal auch in eine negative Richtung. Dann sind die Eltern gefragt, rechtzeitig gegenzusteuern, mit Rat zu helfen und den Kindern ein gutes Vorbild zu sein. Dabei entwickeln sich nicht nur die Kinder, auch die Erwachsenen durchlaufen einen Entwicklungsprozess.

Wenn die Eltern oder auch die Jugendlichen selbst jedoch nicht weiterwissen, dann werde ich als Familientherapeut häufig um Rat gefragt. Und ich versuche zu helfen, indem ich Anregungen gebe. Ein Rezept mit Gelinggarantie für eine heile Familie ist dieses Buch dennoch nicht. Vielmehr finden Sie hier eine Auswahl an Briefen, die Eltern und Jugendliche mir geschrieben haben. Sie sind zunächst als Kolumnen in den norwegischen Zeitungen »Aftenposten« und »Dagbladet« erschienen. Und ich habe jeweils eine Antwort formuliert, in der ich auf die persönliche Situation der Betroffenen eingehe. Auch wenn diese nicht unbedingt zu hundert Prozent mit Ihrer Situation übereinstimmen mag, so sind Sie dennoch aufgefordert, Anregungen aufzugreifen und über Wertvorstellungen nachzudenken, die Sie persönlich betreffen.

Oft bekomme ich zu hören, dass die Werte, die von der Elterngeneration vermittelt wurden, sich als wenig konstruktiv erwiesen haben, dass aber die Betroffenen nicht wissen, welche Werte für die heute Heranwachsenden stattdessen Gültigkeit haben sollen. Daher stelle ich Ihnen im Folgenden vier Werte vor, die in meinen Augen für die Entwicklung vom Kind zum Erwachsenen von besonderer Bedeutung sind. Es sind dies: Gleichwürdigkeit, Integrität, Authentizität und Verantwortung.

Gleichwürdigkeit – ein Beispiel:

Eine Mutter mit ihrer 12-jährigen Tochter schreibt:
»Ich erlebe oft, dass mir meine Tochter gewissermaßen den Spiegel vorhält. Neulich sagte meine Tochter zu mir, ich solle sie nicht ständig belehren, weil sie sich dann so dumm vorkomme. Erst mal war ich geschockt, weil mir klar wurde, dass ich sie tatsächlich oft belehre. Dann fragte ich sie, ob sie mir ein Beispiel nennen könne. Wenn jetzt wieder solch eine Situation eintritt, sagt meine Tochter zu mir: ›Mama, es ist wieder so weit.‹ Wir kommen also voran, obwohl ich nur langsam dazulerne.«
Diese Mutter ist auf gutem Wege, eine gleichwürdige Beziehung zu ihrer Tochter aufzubauen.

Integrität – ein Beispiel:

Ein Vater klopft an die Zimmertür seiner 14-jährigen Tochter. Da sie mit Kopfhörern vor ihrem Laptop sitzt, kann sie ihn nicht hören, bis er hereinkommt und plötzlich neben ihr steht. Sie nimmt ihren Kopfhörer ab und entnimmt dem Gesichtsausdruck ihres Vaters im Bruchteil einer Sekunde, dass sie nun kritisiert, belehrt oder zur Rede gestellt wird, und sie reagiert verärgert. Er ermahnt sie, ruhig und vernünftig zu sein, woraufhin sie entweder ihren Kopfhörer wieder aufsetzt, ihn anschreit, er solle sie in Ruhe lassen, oder mit den Worten »Du hörst mir nie zu!« aus dem Zimmer stürzt.
Die Situation eskaliert zu einem Streit, den niemand gewinnen kann, obwohl die meisten Eltern um die zerstörerische Kraft wissen, die im Schweigen einer 14-Jährigen liegt. Dieses Schweigen ist für sie ebenso vereinsamend und schmerzhaft wie für ihre Eltern. Der Unterschied zwischen ihnen besteht darin, dass die Eltern in der Lage sein sollten, nach der Ursache ihrer Reaktion zu suchen.
Wie hätte sich dieser Vater anders verhalten können? Ehe er an die Tür seiner Tochter klopft, hätte er an seiner eigenen Einstellung

arbeiten sollen. Er hätte sich das Bedürfnis seiner Tochter nach Privatheit und Integrität vergegenwärtigen können. Dann hätte er vielleicht gesagt: »Ich möchte mit dir reden. Passt es dir jetzt?« In diesem Fall hätte er in ein entspanntes Gesicht geblickt und eine gesprächsbereite Tochter vorgefunden.
Falls Ihre Familie von Anfang an in der Lage ist, solch eine Atmosphäre zu schaffen, in der jeder sein Bestes tut, die Integrität und Grenzen der anderen zu wahren und Respekt für die eigenen einzufordern, wird es kaum nötig sein, in Bezug auf Schule, Hobbys, Freunde, Sex oder Alkohol strenge Regeln aufzustellen. Falls dies nicht der Fall ist, können Sie sich hinsichtlich der Pubertät Ihrer Kinder auf einige Turbulenzen gefasst machen und sollten sich dringend um einen anderen Ton bemühen.

Authentizität – ein Beispiel:

Um die Liebe und Gemeinschaft zwischen Eltern und Jugendlichen zu erhalten und zu fördern, müssen die Eltern lernen, auf Kontrolle zu verzichten. Dieser Prozess dauert mindestens fünf bis zehn Jahre und kann ohne die Mithilfe und Inspiration der jungen Menschen nicht gelingen. Lädt man sie zu dieser Mithilfe nicht ein, wird man sich damit abfinden müssen, dass es irgendwann zu heftigen und schmerzlichen Konflikten kommt.
Wenn man also seinem 15-jährigen Sohn verbietet, ein Konzert zu besuchen, das 150 Kilometer von zu Hause entfernt stattfindet, und dieser trotzdem hinfährt, ist es an der Zeit, sich ein paar ernsthafte Gedanken zu machen und das Gespräch zu suchen – im Stillen für sich allein, die Eltern untereinander und alle zusammen. Im Stillen, weil es nun dringlich ist, die eigenen Ziele, Wertvorstellungen und Motive zu ergründen: Zu welchem Menschen soll sich mein Sohn entwickeln? In welchen wichtigen Punkten bin ich anderer Ansicht als mein Partner? Bin ich streng, weil ich das Strengsein für nötig halte? Bin ich nachgiebig, weil ich Konflikte scheue? Versuche ich

wirklich, das Leben meines Kindes zu verbessern, oder geht es mir vor allem um mein eigenes Bewusstsein und meine Wirkung nach außen? Möchte ich der Ratgeber meines Sohnes sein oder Polizist?

Nachdem Sie sich allein mit diesen wichtigen Fragen beschäftigt haben, ist es an der Zeit, mit Ihrem Partner / Ihrer Partnerin oder einem guten Freund / einer guten Freundin darüber zu reden.

Es ist ein häufiger Irrtum, zu glauben, dass ich Ihnen rate, Ihren Sohn einfach gewähren zu lassen: »Okay, wenn er sich so benimmt, dann können wir das nicht ändern …« Wenn Sie das tun, geben Sie Ihre elterliche Führungsrolle aus der Hand und lassen Ihr Kind über die Art Ihres Miteinanders bestimmen. Wenn Sie dies zulassen, werden Sie alle den Verlust zu tragen haben – den Verlust von Nähe, Vertrauen, Freude und bedeutungsvollem Kontakt. Wenn Sie nicht wissen, was Sie sonst tun sollen, dann setzen Sie sich mit Ihrem Sohn an einen Tisch, begegnen Sie ihm mit der notwendigen Authentizität und lassen Sie ihn Anteil haben an Ihrer Besorgnis und Ihrer Hilflosigkeit und bitten Sie im Interesse der Familie um seine Hilfe. Solange Sie offen und ehrlich sind, wird Ihr Sohn dies nicht als Schwäche betrachten. Er wird froh sein, etwas beitragen zu können.

Verantwortung – ein Beispiel:

Ich erinnere mich an die Mutter eines 13-jährigen Mädchens, die an einem mehrwöchigen Seminar teilnahm. Diese Mutter war anfangs sehr unglücklich darüber, einen schwerwiegenden Konflikt mit ihrer Tochter nicht gelöst zu haben, bevor sie zu dem Seminar aufbrach. Also verbrachte sie die ersten beiden Abende am Telefon, bis ihre Bemühungen schließlich von Erfolg gekrönt waren und der Friede zwischen Mutter und Tochter wiederhergestellt war. Am letzten Abend rief sie ihre Tochter erneut an, um ihr zu sagen, dass sie sie liebe und es kaum erwarten könne, sie wiederzusehen. Daraufhin entgegnete ihre Tochter: »Ach, hab ich dir das gar nicht gesagt? Ich werde dieses Wochenende bei meiner besten Freundin verbringen.«

Die Mutter war überrascht und sagte: »Aber ich dachte, jetzt, wo wir die Probleme gelöst haben …«, worauf ihre Tochter liebevoll erwiderte: »Ja, liebe Mama, genau deshalb! Wir sehen uns am Sonntag.«
Die Mutter war enttäuscht und verwirrt, und es dauerte den halben Vormittag, bis sie begriff, dass sich ihre Tochter, gerade weil die Harmonie zwischen ihnen wiederhergestellt war, frei fühlte, Verantwortung für ihr eigenes Leben zu übernehmen.
Dieses Mädchen hat seine Mutter auf sehr sanfte Weise daran erinnert, dass sie sich in einem Prozess befinden, in dem sie von ihren alten Mutter-Kind-Rollen Abschied nehmen und eine neue Art der Beziehung begründen. Diese Entwicklung, die sich über mehrere Jahre hinweg vollzieht, löst bei vielen Eltern Melancholie oder gar Trauer aus, wohingegen die Teenager eine sprudelnde Freude und Aufregung empfinden. Wenn Eltern aber willens sind, dazuzulernen und sich innerhalb dieses Prozesses zu verändern, dann ist eine neue und bessere Beziehung möglich, wenn auch nicht garantiert.

Beim Gedanken an die Pubertät mögen bei vielen Eltern die Alarmglocken läuten. Aber es besteht kein Grund zur Panik. Denn in dieser besonderen Zeit, die zahlreiche Herausforderungen mit sich bringt und in der die Familienstruktur neu geordnet wird, sind die Eltern nach wie vor gefragt. Zwar nicht mehr in ihrer Rolle als aktive Mitspieler, dafür aber als Sparringspartner, die den Kindern auf dem Weg zum Erwachsenwerden zur Seite stehen, sie anleiten, ohne ihnen starre Grenzen zu setzen. Denn die Jugendlichen wollen in ihrer Individualität wahrgenommen werden, so wie sie sind.
Was sich alle Generationen meiner Erfahrung nach wünschen, ist das warme Gefühl, gebraucht zu werden und für die anderen wertvoll zu sein. Erreicht wird dies am besten in einer Atmosphäre, die von Gleichwürdigkeit, gegenseitigem Respekt und Vertrauen getragen wird.

Ihr Jesper Juul

Gleichwürdigkeit

... oder wie Eltern und Jugendliche aufeinander hören und den Wert des anderen anerkennen

Auf Augenhöhe miteinander sein

Gleichwürdigkeit in Beziehungen bedeutet nach meinem Verständnis, anzuerkennen, dass alle Menschen, egal welchen Alters, von gleicher Würde beziehungsweise von gleichem Wert sind. Folglich hat bereits ein Baby dieselbe Würde wie ein Jugendlicher oder ein Erwachsener. Und auch wenn es in der Zeit der Pubertät zwischen Eltern und heranwachsenden Kindern des Öfteren Differenzen gibt, sollten wir immer bedenken, dass wir die individuellen Eigenschaften, Gedanken und Gefühle unseres Kindes genauso ernst nehmen müssen wie unsere eigenen. Dabei ist Gleichwürdigkeit nicht zu verwechseln mit Gleichheit.

Man könnte sich fragen, ob wir dann überhaupt noch Erziehung brauchen. Was ich mit einem absoluten »Ja!« beantworten will. Denn der Mensch muss eine Art von Erziehung erfahren. Naturkinder, die ohne äußere erzieherische Einflüsse und ohne Druck aufwachsen, sind eine romantische Illusion.

Das Ziel oder das Endergebnis der Erziehung soll die optimale seelische und soziale Gesundheit eines Kindes, Jugendlichen und Erwachsenen sein. Um dieses Ziel zu erreichen oder ihm sich wenigstens anzunähern, sollte Erziehung als Führung verstanden werden. Die Eltern übernehmen die Führungsrolle. Allerdings muss sich diese Führung, entsprechend der Entwicklung des Kindes vom Kleinkind zum Teenager, verändern: Kleine Kinder brauchen Eltern, die als Leuchttürme fungieren. Sie brauchen Eltern, die regelmäßig klare Signale senden. So können sich kleine Kinder orientieren.

Teenager brauchen ihre Eltern als Sparringspartner – die maximalen Widerstand anbieten und dabei minimalen Schaden anrichten. Das bedeutet, dass Eltern ihren Teenagern gegenüber verantwortlich und zuverlässig sein sollten. Sie sollen sich selbst nicht verleugnen, müssen zu ihren Ansichten und Erfahrungen stehen – dabei jedoch nicht ihre Teenager zwingen, wie sie selbst zu sein. Die Erziehung »Wenn du nicht machst, was ich dir sage, dann …« hat weder in der Vergangenheit funktioniert, noch tut sie es heute.

Von Beginn der Pubertät an müssen sich die Jugendlichen selber finden, also ihre eigenen Grenzen, Wertvorstellungen und Potenziale ausloten. Und das dauert eben sieben bis acht Jahre. Und in dieser Zeit brauchen Jugendliche den Widerstand der Eltern. Und diesen (positiven) Widerstand der Eltern müssen die Teenager auszuhalten lernen.

Ein Beispiel: Der 15-jährige Sohn kommt sturzbetrunken nach Hause. Seine Freunde finden, Alkohol macht Spaß. Die Eltern hingegen halten den übermäßigen Alkoholkonsum für gefährlich. In diesem Spannungsfeld muss der Heranwachsende sich und seine Position selber finden.

Manche Eltern meinen, Regeln würden helfen, dabei sind Regeln nur eine sehr primitive Art der Führung. Jede Familie braucht zwar eine Handvoll Regeln, um angenehm zusammenzuleben. Aber Regeln funktionieren nicht als Problemlösung oder Problemvorbeugung. Wir können Verbote aufstellen und gleichzeitig mit Sanktionen drohen. Oder aber wir gehen stattdessen mit dem Jugendlichen in den Dialog. Wir erklären, warum wir dagegen sind. Wir zeigen unsere Ängste auf. Wenn wir nur Regeln aufstellen und uns stur auf diese Regeln berufen, dann erlangen wir nie eine persönliche Art der Autorität. Dann sind die Eltern nichts weiter als Polizisten, die die Einhaltung der Regeln kontrollieren. Aber dann fängt das ganze Theater erst an. Dann werden die Kinder entweder unterwürfig oder brechen die Regeln. Und damit wären wir weit entfernt vom gewünschten Erziehungsstil.

Offene Kommunikation mit pubertierenden Kindern

"

Wir haben drei Kinder im Alter von drei, acht und zwölf Jahren, das älteste ist ein Junge, die beiden anderen sind Mädchen. Der Junge ist bereits in der Pubertät. Wie können wir eine offene Kommunikation mit unserem Sohn bewahren, ohne uns zu sehr in sein Leben und seine Gefühle einzumischen?
Unser Sohn fragt und denkt schon wie ein Jugendlicher, der allmählich erwachsen wird, und ich habe Angst, er könne seine Offenheit uns gegenüber verlieren. Ebenso fürchte ich, dass er eines Tages womöglich in ein Milieu kommt, in dem zu viel Alkohol getrunken und geraucht wird oder gar Drogen konsumiert werden. Ich möchte nicht, dass er auf die schiefe Bahn gerät.
Es besteht derzeit eigentlich überhaupt kein konkreter Anlass für derlei Sorgen. Doch wie soll ich diese Ängste in den Griff bekommen, damit sie nicht schon jetzt unsere Kommunikation und mein »heiles« Bild von ihm beeinträchtigen?
Die Mädchen sind noch so klein. Sie spielen unbeschwert und stehen dem Leben mit kindlicher Offenheit gegenüber. Bis sie in die Pubertät kommen, wird es noch ein paar Jahre dauern. Wenn Sie einen Artikel

schreiben könnten, der die Problematik zu Beginn der Pubertät und die Offenheit zwischen Eltern und Kindern behandelt, wäre ich Ihnen sehr dankbar. Wir wollen schließlich nur das Beste für unsere Kinder.

Vielen Dank sagt eine besorgte Mutter

Antwort von Jesper Juul:

Lassen Sie mich zunächst etwas über die Einstellung der meisten Eltern zur Pubertät sagen. Es gibt wohl nur wenige Entwicklungsschritte im Leben eines Kindes, die derart mit Mythen und Problematisierungen behaftet sind. Fast scheint es so zu sein, als könnten wir uns in unserem Kulturkreis gar nicht genug Sorgen um diese Periode machen, die in anderen Kulturen als freudiges Ereignis im Leben des Kindes und der Familie gefeiert wird. Es lohnt sich für uns alle, die Sorgen beiseitezulassen und den kommenden Jahren mit folgender Einstellung zu begegnen: Da bin ich aber wirklich gespannt, in welche Richtung sich der Junge oder das Mädchen entwickeln wird!

»Aber es gibt doch so viele Gründe, sich Sorgen zu machen!«, werden viele Menschen jetzt einwenden. Und das stimmt natürlich. Wir befinden uns in einer Welt voller Gefahren, in der viel Schreckliches geschehen kann. Besorgnis hängt jedoch mit Vertrauen zusammen. Haben Sie Vertrauen zu Ihrem Sohn?

Vertrauen ist die beste Medizin gegen Ihre Angst und die beste Unterstützung, die Sie Ihrem Sohn in den nächsten fünf bis sechs Jahren zukommen lassen können.

Zwar kenne ich Ihren Sohn nicht persönlich, doch auf folgende Dinge können Sie sich verlassen, wie alle Eltern von Teenagern, sofern ihre Beziehung zueinander an sich in Ordnung ist:

- Alle Eltern können sich darauf verlassen, dass ihre Teenager einigen der Versuchungen erliegen werden, denen sie ausgesetzt sind. Schmerzhafte Erfahrungen werden ihnen also gewiss sein.
- Alle Eltern können mit großer Wahrscheinlichkeit davon ausgehen, dass ihre Teenager ihr Verhältnis zu Alkohol, Drogen, Sex und Pornografie dadurch klären, dass sie diese Dinge ausprobieren.
- Alle Eltern können sicher sein, dass ihre Teenager sorgsam sortieren, was sie ihren Eltern erzählen und worüber sie nur mit Gleichaltrigen sprechen.

Alle Eltern können sicher sein, dass ihre Teenager das, was sie in den kommenden Jahren unternehmen, für sich selbst und nicht gegen ihre Eltern tun.

Beim Vertrauen geht es ja gerade nicht darum, dass unsere Kinder all das tun, was wir Eltern für richtig halten, und das unterlassen, was wir falsch finden. Das Vertrauen, das Kinder und Jugendliche unbedingt von ihren Eltern brauchen, ist das Vertrauen darauf, dass sie stets ihr Bestes geben, um der Mensch zu werden, der sie sein wollen. Das Fundament dafür haben sie gemeinsam mit ihren Eltern, im Kindergarten, in der Schule und in ihrem übrigen sozialen Netzwerk geschaffen.

Warum schreibe ich so viel über Besorgnis und Vertrauen? Weil es meine Antwort auf Ihre Frage ist, wie Sie am besten die Offenheit zwischen sich und Ihrem Sohn bewahren können. Im Laufe der letzten 30 Jahre bin ich unzähligen jungen Menschen aus verschiedensten Kulturen begegnet, und eines ändert sich nie: Sie dürsten nach dem Vertrauen ihrer Eltern und hassen deren Besorgnis. Das bedeutet nicht, dass Ihre Besorgnis der Beziehung zu Ihrem Sohn schadet. Es bedeutet nur, dass Sie diese Besorgnis mit anderen Erwachsenen teilen sollten, anstatt sie Ihrem Sohn aufzubürden.

Und Sie können noch etwas anderes Wichtiges tun. Sie können damit beginnen (oder dies fortsetzen), offen über sich selbst und Ihr Leben zu sprechen, wenn Sie mit Ihrem Sohn zusammen sind. Wenn Sie so sind wie die meisten Eltern, dann haben Sie Ihrem Sohn bisher vor allem viele Fragen gestellt: »Wie war's heute in der Schule?«, »Wie geht's dir?«, »Was machst du heute?«, »Bist du sicher, dass du gut genug nachgedacht hast?« … Fragen, die zugleich neugierig, interessiert, engagiert, aber auch kontrollierend waren. Von nun an ist es wichtig, dass Sie weniger Fragen stellen und dafür offener sind, was Ihre eigenen Gedanken und Gefühle, kleine und große Erlebnisse, Ihre Meinungen, Einstellungen und Überzeugungen betrifft.

Natürlich meine ich damit nicht, dass Sie sich Ihrem Sohn gegenüber wie eine erwachsene Partnerin in einer Paarbeziehung verhalten sollen, aber doch wie eine gute Freundin. Sie haben Ihr Privatleben, und er baut seines auf – und beide müssen dies respektieren, wenn sich ihre Freundschaft in den nächsten 50 Jahren erhalten und weiterhin positiv entwickeln soll.

Im Laufe der Pubertät gehen im Gehirn eines Kindes so enorme biologische Veränderungen vor sich, dass viele Eltern ihre Kinder nicht wiederzuerkennen glauben. Diese Veränderungen machen es für viele Jugendliche erforderlich, ihre Aufmerksamkeit für lange Zeit nach innen zu richten.

Die Eltern dürfen diese »Unnahbarkeit« nicht persönlich nehmen, denn sie ist weder ein Ausdruck für eine sich verschlechternde Beziehung zwischen Kind und Eltern noch ein Zeichen fehlender Vertrautheit.

Das Frustrierende daran ist ihr nonverbaler Charakter, die Verschlossenheit und abweisende Haltung der Jugendlichen. Aber Gespräche sind schließlich nur *eine* Möglichkeit der offenen Zuwendung. Allein die Tatsache, dass sich der Jugendliche in der Familie so gibt, wie er ist, zeugt von Offenheit und Vertrauen.

Das Zusammenleben mit pubertierenden Kindern konfrontiert Eltern mit der Tatsache, dass man dem Leben und seinen notwendigen, harten Erfahrungen nicht vorbeugen kann (eine häufige Illusion bei Eltern von Kleinkindern).

Ihr Sohn muss sein eigenes Leben führen, wie es sich nun mal entwickelt, und zugleich wissen, dass seine Eltern für ihn da sind, was auch immer passieren mag.

Kinder brauchen ihre Eltern nicht als Therapeuten oder Sozialarbeiter, sondern als Sparringspartner. Das kann sich für beide Seiten als harte Arbeit erweisen, doch glücklicherweise gibt es immer mehr Jugendliche, die ihr eigenes Leben mit größter Selbstverständlichkeit in die Hand nehmen und ihre Eltern nicht zu persönlichen Feindbildern erklären.

Die beste Gewähr für eine dauerhafte enge Beziehung zu Ihrem Sohn ist Ihr eigener fester Wille, sich gemeinsam mit ihm weiterzuentwickeln. Sie sind nicht mehr für seine Erziehung verantwortlich, doch tragen Sie weiterhin die Hauptverantwortung für Ihre Beziehung zueinander. Viel Vergnügen dabei!

Genießen Sie Ihre Kinder!

Für die etwa 14-jährigen Jugendlichen kommt der Zeitpunkt, an dem sie entweder durch die Konfirmation oder Firmung ihre Taufe bestätigen. Dieses Ereignis markiert zugleich den Übergang von der Kindheit zum Erwachsensein. In den meisten Familien versammeln sich aus diesem Anlass zahlreiche Freunde und Verwandte, um den jungen Erwachsenen zu feiern. Man isst und trinkt, der Jugendliche bekommt Geschenke, die Eltern halten Reden. Letzteres bedeutet oft, dass entweder die Mutter oder der Vater eine Rede auf ihre Tochter oder ihren Sohn hält und auf die vergangenen 14 Jahre zurückblickt. Mal überwiegen die ernsten, mal die heiteren Töne, heutzutage oft gefolgt von einem Lied oder untermalt mit einer Fotoshow oder auch ein paar Videoclips.

Bei den Feierlichkeiten zur Konfirmation wird so dem Kind quasi sein ganzes bisheriges Leben mit auf den Weg gegeben, was in vieler Hinsicht eine schöne und bedeutungsvolle Tradition ist.

Inzwischen ist es bei manchen Familien auch üblich, dass sich der Konfirmand mit einer eigenen Rede bedankt.

Als ich konfirmiert wurde, waren es in der Regel die Väter, die am Tisch aufstanden und eine Rede hielten, heute sind dies ebenso oft die Mütter oder beide Eltern. Seit vielen Jahren plädiere ich dafür, dass die Eltern zwei verschiedene Reden halten sollten, auf die ich gleich zu sprechen kommen werde. Doch zunächst etwas über die Situation der Familie zu diesem Zeitpunkt.

Das Kind kommt in die Pubertät, ist also dabei, sich eine individuelle Identität zu erwerben, wozu verschiedenste geglückte und missglückte Experimente gehören. Die Eltern sind demzufolge mehr oder minder beunruhigt, wie das Ganze wohl enden wird. Der junge Mensch muss sich mit allen möglichen Dingen, wie etwa Schule, Ausbildung, Freundschaften, Sexualität, Alkohol, Drogen, persönlichem Stil und Religion, auseinandersetzen. Es warten also jede Menge innere und äußere Turbulenzen auf ihn.

Den Eltern bleibt in dieser Zeit nicht viel mehr als die Zuschauerrolle und die Frage an sich selbst, ob sie ihre Elternrolle bisher gut genug ausgefüllt haben: Haben wir alles richtig gemacht? War unser Einsatz ausreichend?

Haben sie ihrem Kind alles Nötige mitgegeben, damit es ein selbstbestimmtes gutes Leben führen kann? Ist es stark genug, um Alkohol und Zigaretten zu meiden? Bringt es genug Verantwortungsgefühl und Selbstdisziplin auf, um in der Schule klarzukommen? Verfügt es über individuelle Stärke und Charakter, um zwischen guten und schlechten Freunden unterscheiden zu können?

Wir reden also von einer Zeit, in der nicht nur die Jugendlichen ihr Interesse nach innen wenden, sondern auch die Eltern – in der neutralsten Bedeutung des Wortes – selbstbezogen werden. Diese Selbstbezogenheit von Eltern und Kindern wirkt auf den anderen oft provozierend, weil sie in wechselseitigen Zuschreibungen und Kategorisierungen zum Ausdruck kommt und auf diese Weise die weiterhin starke Sehnsucht nach der Zusammengehörigkeit und Nähe, die noch vor Kurzem bestanden hat, verbirgt.

Zu meiner Jugendzeit ging es in erster Linie darum, ob der junge Mensch wohlerzogen war und sich ordentlich benehmen konnte. Das betrachtete man damals nahezu als Garantie dafür, dass schon alles gut gehen würde. Aber das war eine Illusion. Heute wissen wir es besser, und obwohl wir immer noch Wert auf eine wohlerzogene Oberfläche legen, sind sich die meisten Eltern darin einig, dass sehr viel mehr nötig ist, um ein sicheres Fundament zu bilden, auf dem das Leben des jungen Menschen ruhen kann. Das Schlüsselwort lautet Selbstgefühl. Es ist der Kitt, der alle anderen Elemente zusammenhält, der Stärke und Flexibilität verleiht. Ein gesundes Selbstgefühl bedeutet, ein nüchternes, differenziertes und bejahendes Bild von sich selbst zu haben.

Warum ist ein gesundes Selbstgefühl so wichtig? Ist es nicht in Wahrheit eine neue Form von Ich-Bezogenheit und Individualismus, die Kinder und Jugendliche glauben lässt, sie könnten auf Gemeinschaft verzichten und folglich auch Empathie und Solidarität ignorieren?

Diese Frage ist legitim, weil ein Teil der Eltern in den letzten 20 Jahren seine Aufgabe missverstanden und Kinder mit einem großen Ego herangezogen hat, das dann entsteht, wenn man Kinder zu oft und unverhältnismäßig lobt, sie stets »in Watte packt« und ihnen durch ständige Serviceleistungen eine »Rundum-sorglos-Betreuung« zukommen lässt.

Ein gesundes Selbstgefühl ist eine existenzielle Qualität, die Kindern, Jugendlichen und Erwachsenen hilft, persönliche und soziale Krisen und Traumata zu bewältigen.

Es ist diejenige Qualität, die sowohl die intellektuelle Entwicklung eines Kindes und Jugendlichen als auch den Erwerb von sozialer Kompetenz optimal unterstützt.

In den ersten 14 Lebensjahren ihres Kindes können Eltern zu seinem gesunden Selbstgefühl beitragen, indem sie Neugier, Interesse und Engagement zeigen, die individuelle Persönlichkeit ihres Kindes anerkennen und moralische Abwertungen sowie physische und psychische Gewalt verhindern.

Hinzu kommt die allerwichtigste Komponente: dass sich das Kind selbst als wertvoll für das Leben seiner Eltern empfindet.

In diesem Punkt greifen die pädagogischen Vorstellungen in Vergangenheit und Gegenwart oft zu kurz.

Die Tradition, dem Konfirmanden Bilder aus seinem Leben zu zeigen, ist schön und bedeutsam, weil eine solide Verankerung in der Vergangenheit eine gute Voraussetzung für die Zukunft ist. Daher schlage ich vor, dass sich zumindest ein Elternteil in den Wochen vor der Konfirmation mit folgender Frage beschäftigt: Ich habe nun 14 Jahre lang mit meinem Kind zusammengelebt. Inwiefern haben unsere Gemeinschaft und die Persönlichkeit meines Kindes meinem Leben wertvolle Nuancen und Erkenntnisse beschert? Inwiefern hat mein Kind mein Leben bereichert?

In diesem Zusammenhang möchte ich darauf aufmerksam machen, dass Bereicherung, Selbsterkenntnis und persönliche Entwicklung oft das Ergebnis von Krisen und Konflikten sind und nicht von Glück und Harmonie.

Ich habe im Laufe der Zeit an mehreren Konfirmationen teilgenommen, auf denen solche Reden gehalten wurden, was jedes Mal ein sehr rührendes und besonders intensives Erlebnis war. In der Regel wird der Jugendliche, der im Mittelpunkt des Festes steht, von einer tiefen Freude erfüllt, und die Augen der Erwachsenen füllen sich mit Tränen. Letzteres geschieht zum einen aufgrund des schönen Erlebnisses, doch vor allem, weil sie plötzlich die riesige Sehnsucht spüren, die sie in sich tragen. Unsere eigenen Eltern waren ja so sehr mit der Erziehung ihrer Kinder beschäftigt, dass sie kaum einen Gedanken daran verschwendeten, sich von der Existenz ihrer Kinder bereichert zu fühlen.

Bei den heutigen Eltern ist es leider nicht viel anders. Sie sind so sehr auf die Gefahren fixiert, die einen jungen Menschen bedrohen, dass sie es versäumen, die wichtigste Art der Vorbeugung zu unterstützen – nämlich den Aufbau eines gesunden Selbstgefühls. Ich habe schon oft darauf hingewiesen, dass die Eltern von Teenagern ihre Kinder vor allen Dingen genießen sollten – und zwar so, wie sie wirklich sind.

Eine Mutter, die diese Aufforderung in einem meiner Bücher gelesen hat, erzählte mir, sie habe das Buch daraufhin wütend weit von sich auf den Boden geschleudert, fest entschlossen, keine weitere Zeile mehr darin zu lesen. Doch der Satz, man solle seine Kinder vor allem genießen, ging ihr in den folgenden Wochen nicht mehr aus dem Kopf. Also beschloss sie, es einmal auf einen Versuch ankommen zu lassen.

Sie machte die ebenso überraschende wie schockierende Erfahrung, wie schwer das ist. Sie hatte zwei Söhne im Alter von 14 und 17 Jahren, mit denen sie tägliche Konflikte erlebte. Glücklicherweise übte sie sich weiter darin, sich zurückzulehnen und ihre Söhne zu genießen, und eines Tages erhielt ich folgende Rückmeldung: »Zum ersten Mal hatte ich das Gefühl, für all meinen Einsatz als Mutter belohnt zu werden, und im Laufe weniger Tage hat sich meine Beziehung zu meinen Söhnen komplett verändert. Ich hatte ihnen nichts davon gesagt, doch endlich schienen auch sie sich wirklich entspannen zu können. Nun tragen wir keine Kämpfe mehr aus und reden viel mehr miteinander.«

Wenn die ganze Familie versammelt ist und die vergangenen Jahre anlässlich der Konfirmation oder Firmung Revue passieren lässt, ist dies ein schöner Anlass, das Zusammenleben mit den Kindern bewusst zu genießen.

Vater und Tochter im Streit verbunden

Meine 14-jährige Tochter hat ein sehr schlechtes Verhältnis zu ihrem Vater. Die ganze Situation ist so festgefahren, dass ich keine Lösung mehr sehe. In den letzten Jahren ist vieles vorgefallen, worunter alle in der Familie sehr gelitten haben. Zweimal wäre unsere Ehe fast zerbrochen. Dass sich vor allem ihr Vater in diesen Situationen nicht gerade angemessen verhalten hat, muss sie sehr verunsichert haben. Inzwischen scheint sie überhaupt keine Gefühle mehr für ihn zu haben. Sie führen einen Krieg! Ich als Mutter stehe dazwischen und muss nach ein paar erfolglosen Versuchen, eine Lösung zu finden, einsehen, dass ich in dieser Hinsicht machtlos bin. Beide wollen meine Unterstützung, und ganz gleich was ich auch tue, bin ich ungerecht dem einen oder der anderen gegenüber.

Ich betrachte die Probleme meiner Tochter und ihre Wut als Symptome der »Krankheit« in unserer Familie. Damit meine ich, dass unser Hauptproblem das Verhältnis zwischen meinem Mann und mir ist. Für mich sieht es so aus, als würde sie sich verpflichtet fühlen, für mich Partei zu ergreifen. Sie erträgt es nicht, wenn ihr Vater zornig auf mich ist. Manchmal sieht es so aus, als würde ihr eine Scheidung mehr Sicherheit geben als eine Fortführung unserer Ehe.

Meine Tochter bringt unmissverständlich zum Ausdruck, dass sie sich in Gegenwart ihres Vaters nicht sicher fühlt. Dennoch hat sie keine

Angst, mit ihm zu streiten oder ihn zu schubsen. Dann sagt sie zum Beispiel: »Du hörst mir nie zu« (oft unter Tränen), »Lass mich in Ruhe« oder »Fass mich nicht an«. Sie hat einen unglaublichen Zorn in sich, doch hinter diesem Zorn liegt eine große Trauer. Oft hat sie Bauch- und Kopfschmerzen. Mal versucht ihr Vater, sie zu locken, etwas mit ihm zu unternehmen (macht ihr Geschenke); mal droht er ihr mit Strafen. Die Geschenke lehnt sie inzwischen ab. Wenn er sie bestraft, macht sie das nur noch wütender.

Zum gesamten Kontext gehört auch, dass mein Mann Schwierigkeiten mit sich selbst hat – dass er ständig erschöpft und gestresst ist und mehrere chronische Krankheiten hat. Er arbeitet fast rund um die Uhr (im Durchschnitt schläft er fünf Stunden pro Nacht). Um sein inneres Gleichgewicht zu finden, versucht er meines Erachtens, sein geringes Selbstwertgefühl mit Aktivität zu kompensieren.

Ich glaube auch, dass ich mich ebenfalls abhängig gemacht habe, indem ich meinem Mann einen Teil seiner Verantwortung abgenommen habe, den er hätte selbst übernehmen müssen. Dass ich dies irgendwann eingesehen habe und ihm wieder die alleinige Verantwortung – zum Beispiel für seine Gesundheit – überließ, ist nicht reibungslos verlaufen! So führen wir eine Partnerschaft, in der wir beide einsam sind. Ich weiß einfach nicht mehr weiter.

Eine erschöpfte Mutter

Antwort von Jesper Juul:

Wir alle verfügen über selbstdestruktive Eigenschaften, die wir aus unseren Herkunftsfamilien mitgenommen haben. Manche werden über mehrere Generationen hinweg weitergegeben. Nicht als genetisches Erbe, sondern als Ergebnis der Tatsache, dass Kinder ihre

Eltern als Vorbilder nehmen – also mehr oder minder bewusst deren Verhalten kopieren. Jede neue Liebesbeziehung birgt die Hoffnung, dass sich diese selbstdestruktiven Eigenschaften heilen lassen. Eine neue Beziehung birgt drei Möglichkeiten: Sie kann sich symptomheilend, symptomerhaltend oder symptomverstärkend auswirken. In Ihrer Ehe hat die symptomverstärkende Tendenz die Oberhand gewonnen. Ihre Neigung zu Überanpassung und »Gefallsucht« ist stärker geworden, ebenso die Einsamkeit Ihres Mannes und seine Neigung zu einem selbstdestruktiven Lebensstil.

An unseren Verhaltensmustern tragen wir zunächst keine Schuld. Als Kinder und Jugendliche haben wir sie entwickelt, um in der Familie, in die wir hineingeboren wurden und von deren Liebe und Fürsorge wir total abhängig waren, leben und »überleben« zu können (und paradoxerweise ignorieren wir auch den Schmerz, den dies mit sich bringt).

Sie und Ihr Mann leiden beispielsweise an ganz unterschiedlichen Formen von Überverantwortung, die Menschen dazu bringt, mit Rücksicht auf die Gemeinschaft ihre eigenen Bedürfnisse und Grenzen zu verleugnen. Sie weigern sich beide, der Tatsache ins Auge zu sehen, dass dieses Verhalten weder Ihnen selbst noch der Gemeinschaft dient – somit ist Ihre Tochter diejenige, die den Schmerz tragen und zum Ausdruck bringen muss.

Der Schmerz, an den wir uns als Individuum gewöhnt haben, wird langsam, aber sicher auf diejenigen übertragen, die wir lieben, und wenn dies geschieht, ist die Zeit reif für das, was wir persönliche Entwicklung nennen: Dann sollten wir einen oder mehrere Versuche unternehmen, ein Verhalten zu entwickeln, das unseren eigenen Schmerz beseitigt und unsere Nächsten von einer Bürde befreit.

Diese Entwicklung wird fast immer von ernsten Krisen in der Paarbeziehung und/oder den Symptomen unserer Kinder in Gang gesetzt, mit denen diese versuchen, sich ihren Eltern anzupassen. Falls wir uns dieser Herausforderung entziehen, indem wir etwa nur die anderen kritisieren, geschieht es sehr oft, dass wir ernsthaft erkranken. Und wenn uns auch das noch nicht dazu bringt, in uns zu gehen und unsere Verhaltensmuster zu ändern, wird das Ergebnis in seiner mildesten Form die Einsamkeit sein, die Sie beschreiben.

Ihre Familie hat zwei Möglichkeiten, die negative Abwärtsspirale aufzuhalten: Sie und Ihr Mann können sich professionelle Hilfe holen und erforschen, ob es möglich ist, Ihrer Beziehung etwas Konstruktives für beide Partner abzugewinnen. Falls sich dies als möglich erweist, sollte im nächsten Schritt die ganze Familie Hilfe bekommen. Sie können aber auch Ihre selbstdestruktiven Gedanken und Handlungen ändern und sich schnellstmöglich scheiden lassen. Ihre Tochter steht am Anfang der Pubertät und sehr kurz davor, ein Verhalten und ein Selbstbild zu entwickeln, das ihr in den kommenden Jahren große Probleme bereiten wird. Rein emotional hat Ihre Tochter sich für eine Seite entschieden, was jedoch nicht heißt, dass die Beziehung zwischen Ihnen beiden gut ist. Sie sind die beste Wahl, die Ihre Tochter zur Auswahl hat, doch als Frau sind auch Sie ein denkbar schlechtes Vorbild für Ihre Tochter.

Wir wissen bereits, dass ihr Schmerz als Zorn, Hass und Wut zum Ausdruck kommt, und es sind ausgerechnet diese Gefühle, die unsere Gesellschaft leider hart und gnadenlos niederschlägt, wenn sie sich in zwischenmenschlichen Beziehungen außerhalb der Familie bemerkbar machen.

Zeigen Sie Ihrer Tochter, wie man als Frau Verantwortung für sich selbst und seine Grenzen übernehmen kann, ohne in die Opferrolle zu schlüpfen.

Um die Beziehung zu ihrem Vater muss sie sich später im Leben kümmern, falls er jetzt keine professionelle Hilfe haben will.

Das Verhalten Ihrer Tochter hat Ihnen lange Zeit gesagt: »Nehmt euch zusammen!« Jetzt sage ich es auch.

15 Jahre und ausgehöhlt vom Lob

“

Ich bin ein 15-jähriges Mädchen, das schon immer enorm viel Lob und Anerkennung von Freunden und Familienmitgliedern bekommen hat. In den letzten drei Jahren habe ich intensiv Handball gespielt und getanzt und auch viel für die Schule getan. Die Rückmeldungen, die ich darauf bekommen habe, waren immer extrem positiv. Ich habe in allen Fächern nur Bestnoten und war stets die Klassenbeste. Nicht in ein oder zwei Fächern, sondern in ALLEN. Beim Tanz und Handball war es genauso. Nach jeder Tanzstunde sagte die Lehrerin zu mir: »Einfach fantastisch! Wirklich top!« Das sagte sie nur zu mir und zu keinem der anderen Mädchen. Beim Handball bekam ich immer zu hören, ich wäre die Beste auf dem Feld.
Am Anfang habe ich mich über all das Lob wahnsinnig gefreut und eine Art Glücksrausch empfunden. Doch nach und nach begriff ich, dass ich nicht von der Tanzstunde nach Hause fahren konnte, ohne diese positive Rückmeldung – zumindest unterbewusst – einzufordern. Ich war mit der Zeit absolut abhängig davon geworden! Und wenn ich mal für irgendeinen Text in der Schule keine Bestnote bekam oder nicht die Bestleistung bei irgendeiner Sportübung erbrachte, war ich am Boden zerstört! Immer wollte ich überall die Beste sein. Und im Bewusstsein, ALLES schaffen zu können, wenn ich nur will, habe ich mich total verausgabt.

Doch was das Traurigste ist: All das Lob und die positiven Beurteilungen bedeuten mir fast nichts mehr. Nie ist es genug! Egal was die Leute zu mir sagen, es erreicht mich kaum noch, weil das Lob nie groß genug ist. Ich bin absolut abhängig von der positiven Einschätzung anderer Leute geworden und habe darüber die eigene innere Freude verloren. Nichts scheint mehr von innen zu kommen. Darüber bin ich mir im Klaren und finde es sehr traurig, dass ich zur Sklavin des Urteils anderer Leute geworden bin.
Der Drang, immer die Beste sein zu wollen, ist für mich ebenfalls zu einer enormen Belastung geworden. Auch dass ich mich ständig mit anderen vergleiche. Vor allem mit den anderen Mädchen beim Tanzen, weil zwischen uns eine ständige Konkurrenz herrscht. Eigentlich wünsche ich mir nichts sehnlicher, als diesen Wettkampfmarathon endlich zu beenden. Die ganze Situation zehrt so stark an mir, dass ich das Gefühl habe, Hilfe von außen zu brauchen. Ich würde mich sehr über eine Antwort von Ihnen freuen.

Es dankt Ihnen die »beste« Schülerin

Antwort von Jesper Juul:

Von den vielen Jugendlichen und Erwachsenen, die mir geschrieben haben, wie übermäßiges Lob zu einer großen inneren Leere führt, ist dein Brief der persönlichste und am präzisesten formulierte (auch hier gelingt es dir also, die Beste zu sein!), was mich besonders traurig macht, weil ich weiß, dass es viele junge Menschen gibt, die sich in derselben Lage befinden wie du. Viele von ihnen gehen zum Arzt, erhalten oft die unzutreffende Diagnose »Depression« und bekommen irgendwelche Glückspillen verschrieben. Andere entwickeln Essstörungen und beginnen sich selbst zu ritzen.

Es ist sehr betrüblich, dass viele Ärzte nicht zwischen emotionalen Problemen und existenziellen Krisen unterscheiden können. Deshalb ist deine Beschreibung ein unschätzbares Dokument, das hoffentlich anderen helfen kann, die weniger reflektiert und nicht so wortgewandt sind wie du.

Ich stimme dir zu, dass du Hilfe brauchst, und hoffe, dass du gemeinsam mit deinen Eltern oder der Schule einen Psychologen oder Therapeuten findest, der keinen Drang zu übermäßigem Lob verspürt und sich Zeit nimmt, um dein wahres Ich wiederzufinden. Soweit ich das beurteilen kann, brauchst du keine Angst zu haben, was aus deinem Unterbewusstsein zum Vorschein kommen mag. Du bist weder misshandelt noch grob vernachlässigt worden, was bedeutet, dass dein wahres Ich intakt, nuanciert und schön ist. Mit anderen Worten: Du bist nicht vom Lob abhängig geworden, um Schmerz, Angst oder Verzweiflung zu lindern. Du wurdest es nur, weil es dir ein schönes Gefühl vermittelt hat, und hattest genug Selbstgefühl, um innezuhalten und dein Leben zu hinterfragen.

Ein Teil der Anerkennung hierfür gebührt deinen Eltern, die sich hoffentlich daran beteiligen, in den nächsten Jahren eine neue Art und Weise zu finden, dich zu lieben und zu unterstützen. Ist das nicht der Fall, kannst du es mithilfe von Freunden und anderen, die dich um deiner selbst willen schätzen, auch allein schaffen.

Meiner Erfahrung nach kann es schwierig sein, einen Therapeuten zu finden, mit dem du reibungslos zusammenarbeitest. Denke immer daran, dass du nicht gezwungen bist, deine Zeit mit jemandem zu vergeuden, der nur an deinem Selbstvertrauen arbeiten will.

Auch ich war früher ein guter Schüler und sowohl beim Tennis als auch beim Fußball erfolgreich, ohne dafür die geringste Anerkennung zu bekommen. In den fast zehn Jahren, die ich im Rahmen meiner Ausbildung mit Lehranalyse und Selbsttherapie verbrachte, sagten meine Psychotherapeuten immer wieder dasselbe zu mir: »Du musst lernen, Lob entgegenzunehmen.« (Meine Therapeuten und ich gehören ja einer Generation an, in der Kinder viel kritisiert, aber kaum gelobt wurden.) Sie meinten, ich solle mich darüber freuen, doch das Lob machte mich stets traurig. Und es dauerte Jahre, bis ich begriff, dass meine Therapeuten sich irrten.

Immer, wenn ich gelobt wurde, kam ich mit meiner tiefen Sehnsucht, »gesehen« und anerkannt zu werden, in Kontakt.

Meine Trauer war eine Erinnerung an diese Sehnsucht und an den Kummer, den ich aus diesem Grund mit mir herumtrug. Dennoch wiederholte ich die Fehler meiner Therapeuten mehrere Male, bis ich bei einer sehr hübschen jungen Frau, deren Therapeut ich war, »in die Lehre gehen« durfte. »Jesper«, sagte sie zu mir, »wenn du nicht begreifen kannst, dass man zugleich hübsch und zutiefst verzweifelt sein kann, dann muss ich mir einen anderen Therapeuten suchen. Mein ganzes Leben lang bin ich immer nur ›angesehen‹ worden – jetzt will ich endlich ›gesehen‹ werden!«

Sie kannte – viel besser als ich – das Handicap, unter dem gerade die Schönen und Erfolgreichen leiden. Sie werden angesehen, bewundert und gelobt, doch selten als die unverwechselbaren Menschen und Persönlichkeiten gesehen, die sie sind.

Du hast Glück, weil du so früh im Leben entdeckt hast, dass etwas nicht stimmt. Vielleicht solltest du das Tanzen oder den Handball vorerst aufgeben, andererseits sind diese Aktivitäten ja nicht das Problem an sich, sondern deine unrealistischen Erwartungen, wie sie dein Leben bereichern können.

Ein Großvater hat seinen 5-jährigen Enkel einmal gefragt, was er werden will, wenn er groß ist. »Der Beste«, antwortete der Junge. »Der Beste worin?«, fragte der Großvater. »Der beste ICH natürlich«, sagte der Junge.

Ich wünsche dir ganz viel Glück bei deiner neuen Entdeckungsreise und freue mich schon, zu hören, was du unterwegs alles lernst!

Erwachsene Teenagertochter

“

Ich möchte mich kurz vorstellen: Einst war ich eine junge Mutter, wurde früh geschieden und war mit 22 Jahren allein für meine zwei Kinder zuständig. Meine Tochter (heute 34) ist ein Jahr jünger als ihr Bruder. Sie war immer sozial, aber ein bisschen oberflächlich, außerdem ziemlich egozentrisch und manipulierend. Als mein Sohn von zu Hause auszog, um sein Studium aufzunehmen, wohnte sie noch mehrere Jahre bei mir und genoss alle Annehmlichkeiten im »Hotel Mama«. Da ich stets da war und ihr in vielen Dingen geholfen habe, ist sie sehr verwöhnt und unselbstständig geworden. Inzwischen ist sie alleinerziehende Mutter eines 5-jährigen Sohnes, und ich bin stolze Oma.

Meine Tochter hat ein Hochschulstudium absolviert. Sie hat ein gutes Examen gemacht, wodurch sie einen attraktiven Job bekam. Jetzt hat sie ein höheres Einkommen als die meisten anderen in ihrer Situation. Ich hatte die Möglichkeit, ihr eine schöne Wohnung zu verschaffen, in der mein Enkel gut aufwachsen kann. Außerdem stand ich stets zur Verfügung, wenn »Not am Mann« war, kümmerte mich um mein Enkelkind, brachte den Kleinen zum Kindergarten oder holte ihn am Wochenende zu mir.

Das Problem besteht darin, dass meine Tochter das alles als selbstverständlich erachtet. Sie ist undankbar und behandelt mich herablassend und respektlos. Wenn sie zu mir spricht, dann in besserwisserischem

Ton und mit scharfer Stimme, was so auffällig ist, dass auch Außenstehende darauf reagieren.
Seit einigen Jahren habe ich Depressionen und gehe zur Therapie. Auch ihr habe ich nahegelegt, zu einem Therapeuten zu gehen. Ich habe ihr gesagt, dass ich bereit bin, die Kosten dafür zu übernehmen, wenn sie einen Therapeuten ihrer Wahl sucht, der uns dabei helfen kann, unsere Probleme zu lösen. Doch sie will sich nicht in Behandlung begeben, weil ich psychische Probleme habe. Sie ist launisch und unberechenbar und wird mir gegenüber manchmal sogar aggressiv. Selbst mein Enkel hat seine Mutter schon gebeten, »nicht so mit Oma zu sprechen«. Auch ich habe versucht, ihr zu sagen, dass ich mir ein solches Verhalten nicht gefallen lasse.
Ich entschuldige sie damit, dass auch sie ihre Frustrationen irgendwie loswerden muss. Ich stelle mir vor, dass ich für sie als eine Art Blitzableiter fungiere, was auch meinem geliebten Enkel zugutekommt. Damit gebe ich dem Ganzen einen gewissen Sinn. Sie ist eine gute und auch sanfte Mutter und tritt anderen Leuten immer ausgesprochen freundlich gegenüber.

Es grüßt Sie eine verzweifelte Mutter

Antwort von Jesper Juul:

Wenn man sich in solchem Maß opfert, wie Sie es getan haben und immer noch tun, bekommt man nie seine wohlverdiente Belohnung, sondern man bekommt seine wohlverdiente Strafe. Sie haben Ihr Wohlbefinden und Ihre persönlichen Grenzen geopfert und waren über all die Jahre hinweg Ihrer Tochter gegenüber von (fast) unendlicher Gutmütigkeit. Diese hat Ihr Verhalten akzeptiert und demzufolge Liebe mit Aufopferung gleichgesetzt. Jetzt wiederholen Sie dieses Verhalten in Bezug auf Ihr Enkelkind, indem Sie sich einreden, als Blitzableiter fungieren zu können.

Wenn Sie mich jetzt für grob und ungerecht halten, dann haben Sie in gewisser Weise recht. Moralisch betrachtet, sollte Ihre Tochter Ihnen natürlich dankbar sein und Ihren lebenslangen Einsatz würdigen, und so hätte sich vielleicht auch alles entwickelt, wenn Sie nicht ihre Mutter, sondern ihre Nachbarin, Tante oder Freundin wären. Denn familiäre Beziehungen folgen keinem moralischen Gesetz, sondern einer weitaus komplizierteren Logik. Die Beziehung zu Ihrer Tochter war niemals gleichwürdig. Sie haben immer (allzu) großzügig und gutherzig gegeben, während Ihre Tochter stets die Empfängerin war. Im Allgemeinen hängen wir der Vorstellung an, dass es doch schön sein muss, immer nur zu empfangen, doch in Wahrheit ist es eine Demütigung. Wir verlieren unsere persönliche Würde. Was für Kinder ebenso gilt wie für Erwachsene, Hilflose, Flüchtlinge und andere, die von wohlmeinenden Helfern abhängig gemacht werden. Das Problem von Kindern besteht darin, dass sie in ihrer Kindheit absolutes Vertrauen zu ihren Eltern haben und deren Ausdruck der Liebe daher vorbehaltlos akzeptieren. Wenn diese Liebe aufopfernde Züge trägt oder ihr Einsicht und Mut fehlen, eine tragfähigere Form der Liebe zu entwickeln – also eine Liebe, die frei ist von der unausgesprochenen Erwartung einer Gegenleistung –, nabeln sich die Kinder irgendwann radikal ab und reagieren früher oder später mit Zorn oder »Undankbarkeit«.

Wenn Sie das ändern wollen, müssen Sie damit beginnen, sich selbst ernst zu nehmen. Sie schreiben, dass sie »versucht« haben, ihr zu sagen, dass Sie sich ein solches Verhalten nicht gefallen lassen, doch solche Dinge »versucht« man nicht. Entweder sagt man es oder nicht. Wenn man es sagt, muss man es kurz, klar und definitiv tun – sonst macht es keinen Eindruck auf ein erwachsenes Kind, das sich seit 30 Jahren an eine Mutter gewöhnt hat, die weder persönliche Grenzen kennt noch irgendwelche Forderungen stellt. Ich schreibe mit Absicht »definitiv« und nicht »ultimativ«, weil eine eventuelle

Änderung Ihrer Beziehung Zeit braucht und unter anderem erfordert, dass Sie immer wieder zum Ausdruck bringen, was Sie wollen und was Sie nicht wollen, ehe Ihre Tochter begreifen wird, dass sie nicht mehr so weitermachen kann wie bisher.

Auch haben Sie Ihrer Tochter nur nahegelegt, professionelle Hilfe in Anspruch zu nehmen, statt darauf zu bestehen, dass sie Sie zu einem Therapeuten begleitet, der Sie kennt und zu dem Sie Vertrauen haben. Das sind Sie sich selbst schuldig, und das haben Sie auch verdient, doch müssen Sie diese Arbeit auch selbst erledigen. So war es jedoch allzu leicht, Ihr Angebot abzulehnen.

Das Problem Ihrer Tochter besteht darin, dass sie tief in Ihrer Schuld steht beziehungsweise einen Haufen »Schulden« bei Ihnen hat. Schulden, die sie weder zurückzahlen kann noch will – schon gar nicht in der selbstverleugnenden Währung, in der dieser Schuldenberg entstanden ist.

Warum überzieht sie dann ihr Konto immer weiter?, könnte man nun fragen. Die Antwort kenne ich nicht, doch vermutlich liegt es einfach daran, dass sie nicht klug genug ist, auf sich selbst achtzugeben – und nun raten Sie mal, von wem sie das hat!

Sagen Sie es ihr, zeigen Sie ihr diese Zeilen, oder beginnen Sie damit, es aufzuschreiben, und sprechen Sie hinterher miteinander über Ihre Beziehung. Für einen Neuanfang müssen Sie selbst die Verantwortung übernehmen, wenn Sie nicht als enttäuschte, verbitterte und missverstandene Frau enden wollen.

Sie haben Besseres verdient, und mit ein wenig Glück wird die Depression sich bessern, sobald Sie Ihren Stil ändern.

Der Preis wird eine Übergangszeit der Angst und Unsicherheit sein, doch wird diese nur so lange dauern, bis Sie einen neuen und fruchtbareren Standpunkt gefunden haben.

Müde Teenager mit erschöpfter Mama

"

Ich hoffe, Sie können mir einen guten Rat geben. Im Moment bin ich erschöpft, verzweifelt, ratlos und nahe am Aufgeben.
Ich bin Mutter eines älteren Sohnes und von 16-jährigen Zwillingen. Mein Problem besteht darin, dass wir, was die Schlafenszeiten angeht, sehr schlechte Angewohnheiten haben.
Da ich sehr viel arbeite, besitze ich nur wenig Kontrolle über die täglichen Pflichten und Schlafenszeiten meiner Kinder. Die Regeln, die ich aufstelle, werden nicht respektiert. Die Kinder gehen spät ins Bett und kommen am Morgen nicht aus den Federn. Das führt bei den Jungs dazu, dass sie öfter die Schule schwänzen oder zu spät kommen. Ich weiß, dass dies ein verbreitetes Problem in dieser Altersgruppe ist, aber das kann mich nicht trösten. Denn sowohl mein Leben als auch das der Kinder wird dadurch beeinträchtigt, unsere psychische und physische Gesundheit in Mitleidenschaft gezogen.
Die Zusammenarbeit zwischen mir und meinem Mann ist leider sehr schlecht. Er bombardiert mich mit Vorwürfen und Kritik, dass ich dem Alltag nicht gewachsen bin. Da er beruflich viel außer Haus ist, schiebt er alle Verantwortung weit von sich. In letzter Zeit bin ich so verzweifelt, dass ich mich heiser schreie, wenn ich zu Hause bin, um die Kinder irgendwie aus den Betten zu kriegen. Ein unwürdiges Verhalten, das mich total fertigmacht und auslaugt.

Zu den existierenden Problemen kommt das Gefühl hinzu, dass mein Mann mit seiner Kritik an mir recht hat. Ich fühle mich völlig machtlos. Ich weiß natürlich, dass die Jungen groß genug sind, um Eigenverantwortung zu übernehmen, schaffe es aber nicht, sie ihnen auch wirklich zu übertragen. Ich sehe doch, dass sie es dann nicht rechtzeitig zur Schule schaffen würden.
Auch Computer, Fernseher und Spielekonsolen sind Faktoren, die alles noch komplizierter machen. All diese Dinge rauben uns im Alltag sehr viel Zeit. Pflichten wie die Hausaufgaben kommen hingegen zu kurz. Vielleicht sollten wir unseren Lebensstil grundlegend ändern. Soll ich zur Strafe für eine Weile den Fernseher wegschließen? Ich bin total erschöpft, und je erschöpfter ich bin, desto schwieriger ist es, eine Lösung zu finden. Wie viel Verantwortung soll ich tragen, wie viel die Jungs selbst? Meine Gedanken sind blockiert, ich brauche wirklich einen guten Rat von Ihnen.

Freundliche Grüße von einer erschöpften Mutter

Antwort von Jesper Juul:

Ich verstehe gut, dass Sie so erschöpft sind, dass Sie sich am liebsten in der Erde vergraben und erst wieder zum Vorschein kommen möchten, wenn Ihre Kinder erwachsen geworden sind. Leider ist das ja unmöglich, also besteht die Alternative darin, sich sofort Hilfe zu holen! Wenden Sie sich möglichst schnell an das Jugendamt oder suchen Sie sich einen Familientherapeuten.

Sie haben drei Jungen, die absolut unreif, unverantwortlich und allzu gewohnt sind, sich auf Ihre Dienstleistungen zu verlassen. Auch das Verhalten Ihres Mannes ist so inakzeptabel, dass ihn jemand damit konfrontieren und herausfinden muss, ob er irgendetwas Konstruktives zur Gesamtsituation beizutragen hat. Das Optimale wären mehrere Gespräche, an denen Sie alle teilnehmen, am besten im Beisein eines Mitarbeiters vom Jugendamt.

So wie die Situation bei Ihnen seit einiger Zeit ist, muss ich Ihre Kinder als »de-facto-elternlos« bezeichnen. Was bedeutet, dass weder ihre Mutter noch ihr Vater genug Lust oder Energie haben, ihnen das zu geben, was sie brauchen. Als da wären: Stärke, Überblick, Führerschaft und brauchbare Rollenmodelle.

Die Erwachsenen tragen die Verantwortung dafür, dass sich die Situation so entwickelt hat. Daher wäre es vollkommen unangemessen, die Kinder zu bestrafen.

Denn das unverantwortliche Verhalten der Kinder ist nur ein Symptom. Es geht mir aber hier nicht darum, Schuld zu verteilen. Es gibt viele Ursachen, die dazu beitragen, dass Ihre Familie derzeit für keines ihrer Mitglieder funktioniert. So wie Sie Ihre eigene Situation als Mutter beschreiben, sind Sie verzweifelt, erschöpft, ohnmächtig und blockiert. Diese Situation hat sich im Laufe mehrerer Jahre entwickelt, und wenn ich mich nicht ganz täusche, ist eine der maßgeblichen Ursachen Ihre mangelnde Fähigkeit, Eigenverantwortung zu übernehmen – also für Ihre Bedürfnisse, Werte, Grenzen und Gefühle Sorge zu tragen. Sie haben immer nur gegeben, gegeben und gegeben, und jetzt sind Sie leer. Wenn Sie außerdem noch einen Mann haben, der Ihre persönlichen Grenzen nicht beachtet, Sie sogar ständig kränkt, ist eine Situation entstanden, in der wir Sie und Ihre Gesundheit in den Mittelpunkt stellen müssen. Nicht auf Kosten Ihrer Kinder, sondern hinsichtlich deren Bedürfnisses nach einer glaubwürdigen Führung durch die Erwachsenen.

Ihre Söhne können sich derzeit weder um Sie noch um sich selbst kümmern, dazu ist die Situation zu Hause zu chaotisch und unklar.

Sie haben eine Mutter ohne Autorität und einen Vater, der ein schlechtes Vorbild ist – deshalb ist es an der Zeit, ihnen die Verantwortung zu übertragen, die sie ihrem Alter entsprechend tragen können. Ich meine damit, dass Sie so schnell wie möglich die Verantwortung ablegen, die Sie seit Jahren so gequält hat. Das erfordert jedoch, dass Sie sich Hilfe von außen holen müssen, um mit Ihrem Mann und Ihren Söhnen darüber zu reden, wie es jedem Einzelnen geht, und zwar auf eine Art und Weise, die es Ihren Söhnen ermöglicht, Sie auch ernst zu nehmen. Ohne diese Hilfe werden sich Ihre Söhne nur umso schuldiger fühlen und umso mehr ihre positive Entwicklung hemmende Züge entwickeln.

Sie sind eine Frau, die ein klassisches Frauenverhalten entwickelt hat – es fehlt Ihnen an Selbstrespekt und Wahrung Ihrer eigenen Grenzen. Sie lieben Ihre Nächsten und zeigen dies, indem Sie sich aufopfern und sich in ihren Dienst stellen. Solange man jung ist, kann man sich durch solch ein Verhalten beliebt machen. Später wird man nur noch schlecht behandelt, und ich bin ziemlich sicher, dass dies auch wesentlich zu Ihrer momentanen Situation, die Sie in Ihrem Brief sehr eindrücklich beschreiben, beigetragen hat. Nun werden Sie von Ihren Söhnen auf unbarmherzige Weise mit sich selbst konfrontiert – das ist Ihre Chance, als Frau, Mutter und Mensch zu wachsen.

Ich betone oft, dass Kinder zur persönlichen Entwicklung ihrer Eltern ebenso viel beitragen können wie die Eltern zur persönlichen Entwicklung ihrer Kinder.

Die gute Nachricht ist, dass nicht nur Sie, sondern auch Ihre Söhne von diesem Prozess, hat er erst einmal begonnen, profitieren werden. Deshalb ist es immer noch möglich, eine liebevolle und konstruktive Beziehung zueinander aufzubauen.

Integrität

… oder wie Eltern die eigene Persönlichkeit wahren und Jugendliche zu sich selbst finden können

Grenzen respektieren

Mit dem Begriff »Integrität« wird im allgemeinen Sprachgebrauch zunächst die körperliche Integrität bezeichnet, also die körperliche Unversehrtheit eines Menschen. Aber Integrität betrifft auch die geistige Haltung eines Menschen. Jeder Einzelne sollte seinen Wertvorstellungen treu bleiben und sich nicht von anderen manipulieren lassen. Ich erlebe es häufig, dass Eltern beispielsweise die Bedürfnisse ihrer Kinder nicht erkennen oder sogar missachten. Dann führt dies entweder zu einem offenen Konflikt in der Familie. Oder aber die Kinder sind nicht in der Lage, den Eltern gegenüber ihre Grenzen abzustecken, und unterdrücken ihre eigenen Bedürfnisse, um den Eltern zu gefallen. Sie vermeiden so zwar einen Konflikt – ihr Verhalten kann aber auf Dauer keine gute Basis für das Zusammenleben in der Familie sein, da das Selbstgefühl der Betroffenen darunter leidet. Allerdings muss nicht nur die Integrität der Kinder, sondern auch die der Eltern gewahrt werden.

Ich will hier auf eine der Kernfragen eingehen, die Eltern in ihrer Integrität tief berühren: Was tun wir, wenn es »schief« gelaufen ist? Wenn das Ergebnis unserer »Erziehung« nicht unseren Wünschen entspricht? Was tun Sie, wenn Sie bereits die Schwierigkeiten zu spüren bekommen und mit einem Teenager konfrontiert sind, den Sie jeden Morgen fünfmal rufen müssen, damit Sie ihn zum Aufstehen bewegen können? Oder der nie sein Zimmer aufräumt? Oder der, was seine Hausaufgaben betrifft, lügt? Ist es dann zu spät?

Nein, es ist nicht zu spät, aber es ist der letzte Augenblick. Das bedeutet, dass diese Kur hart ist – auch für die Eltern. Sie beginnt damit, dass die Eltern die Verantwortung für ihre Handlungen, für ihre Fehler übernehmen und die Karten auf den Tisch legen: »Jetzt sollst du zuhören, mein Kind: Wir sind mit der Art und Weise, wie du Verantwortung für dich selbst und dein Leben übernimmst, nicht zufrieden. Deshalb haben wir häufig geschimpft und dir Vorwürfe gemacht, und dafür möchten wir uns gerne bei dir entschuldigen. Wir haben die letzten Jahre die Verantwortung für dich übernommen. Nun haben wir beschlossen, damit aufzuhören. Wir sind uns darüber im Klaren, dass du einige Zeit brauchen wirst, um mit der Situation klarzukommen, aber wir rechnen damit, dass du das schaffen wirst. Das wird für uns schwer. Wir sind so daran gewöhnt, uns in die Dinge einzumischen und für das Ganze die Verantwortung zu übernehmen, dass wohl einige Zeit vergehen wird, bis wir das sein lassen können – und wir hoffen, dass du uns so lange ertragen wirst. Wir spüren, dass wir mit unserem bisherigen Weg an unsere eigenen Grenzen gestoßen sind, und hoffen, dass auch du nun versuchen wirst, unsere Bedürfnisse zu respektieren. Nur so können wir zu einem guten Miteinander finden.«

Die Eltern müssen selbstverständlich die eigenen Worte in dieser Situation finden, aber es dürfen keine Ausdrücke dabei sein, die dem Kind Schuld zuweisen. Vater und Mutter müssen für die bestehende Situation die Verantwortung auf sich nehmen. Die einzige Möglichkeit, die sie das gesamte Leben über haben, um auf ihre Kinder einzuwirken, besteht darin, gute Beispiele für sie abzugeben.

12- bis 18-Jährige brauchen in dieser Zeit nur ein oder zwei Menschen, die ihnen das Gefühl geben: Du bist gut so, wie du bist. Dieses Grundbedürfnis der Jugendlichen muss erfüllt sein. Nur dann können auch sie offen sein für die Bedürfnisse der anderen Familienmitglieder und ihrer Mitmenschen.

Aggressive, gewaltbereite oder drogenabhängige Jugendliche sind eine große Herausforderung für ihre Eltern! Aber gerade diese Jugendlichen brauchen ihre Eltern besonders. Denn diese Eltern sind ja auch mitverantwortlich, dass ihre Kinder jetzt in dieser Situation stecken. Die braven Teenager brauchen ihre Eltern kaum. Aber die Schulverweigerer, Drogenabhängigen dafür umso mehr.

Fantasie, Lügen und Verheimlichung

Wertvorstellungen sind von Kultur zu Kultur verschieden, doch fast überall ist man sich darin einig, dass man nicht lügen soll. Man kann das als moralische Angelegenheit betrachten, bei der es nicht um den Lügner geht, sondern um denjenigen, der die Lüge als Wahrheit präsentiert bekommt. Wir wollen uns im Folgenden der Lüge als psychologischem Phänomen und Familienphänomen widmen. Doch zunächst ein paar allgemeine Bemerkungen über Kinder und ihren Umgang mit der Wahrheit.

Die meisten Kinder »lügen« zur Zeit ihrer Einschulung, doch eigentlich lügen sie selten. Sie haben vielmehr eine blühende Fantasie, die in vielerlei Hinsicht ebenso real oder »wahr« ist wie das, was wir Wirklichkeit nennen. Die Kinder unterscheiden nicht zwischen Fantasie und Realität. Es ist die Aufgabe ihrer Eltern, ihnen dabei zu helfen. Eltern können ihre Kinder bei der Unterscheidung anleiten, indem sie sagen: »Das ist ja eine spannende Geschichte! Hat das nur in deinem Kopf stattgefunden, oder ist das wirklich passiert?« Wenn das Kind darauf besteht, dass seine Fantasiegeschichte wirklich passiert sei, kann man entgegnen: »Aha, aber das hört sich wirklich so an, als sei das in deinem Kopf passiert.« Mehr nicht.

Im Laufe der Zeit wird den Kindern der Unterschied immer stärker bewusst werden, doch manche von ihnen ziehen die Fantasie weiterhin der Realität vor. Das kann unterschiedliche Gründe haben: Entweder kennen sie die Wirklichkeit nicht, weil die Erwachsenen sie ihnen verschweigen oder aber sie ausgeschmückt haben. Das kann in Bezug auf den Vater geschehen sein, der die Familie verlassen hat, oder die Tante betreffen, die sich das Leben nahm. Auch merkwürdige Geschichten um den großen Bruder oder die kleine Schwester, die tot auf die Welt kamen, können manchmal den Kindern von Erwachsenen erzählt werden. All dies kann in Familien ein dunkles Geheimnis sein.

Oder aber die Kinder haben ein so geringes Selbstwertgefühl, dass sie ihre Freunde anlügen, um den sozialen Status zu erlangen, nach dem sie sich sehnen, den sie aber nicht aus eigener Kraft erlangen zu können glauben.

Wieder andere Kinder können die Realität in ihrer Familie nicht ertragen oder schämen sich dafür. Etwa wenn ein Elternteil psychisch krank ist und das Kind nicht die notwendige Unterstützung erhält. Oder wenn ein Elternteil alkoholabhängig ist und die Beziehung der Eltern von Gewalt geprägt ist. Vielleicht ist das Kind sogar selbst sexuellen Übergriffen oder anderen Gewalttaten ausgesetzt.

Für diese Kinder ist die Fantasie ein elementarer Bestandteil ihrer Überlebensstrategie. Keines dieser Kinder hat sich eines moralischen Vergehens schuldig gemacht. Daher verdienen sie von der ganzen Familie Anerkennung, Hilfe und Unterstützung.

Ältere Kinder und Teenager hingegen können ihre Eltern bewusst anlügen oder ihnen die Wahrheit verschweigen, und wenn das geschieht, liegt es fast immer daran, dass die Wahrheit in der Familie nicht willkommen ist. Hört sich das seltsam an?

Das tut es natürlich, wenn man als Eltern guten Gewissens sagen kann, dass man die Kinder stets dazu erzogen hat, die Wahrheit zu sagen und auch andere Kinder nicht anzulügen. Aber so einfach ist es leider nicht immer.

Es sind in der Regel zwei Umstände, die dazu führen, dass ältere Kinder lügen oder etwas verheimlichen. Das eine sind direkte Verbote, die dem Kind gegenüber ausgesprochen werden, das andere ist ein starker Widerwille oder die moralische Verurteilung gewisser Dinge vonseiten der Eltern. Kinder kooperieren und wollen ihre

Eltern nur höchst ungern traurig machen oder ihnen die Stimmung verderben. Wenn sie es doch manchmal tun, kann man sicher sein, dass sie keine andere Möglichkeit gesehen haben.

Ein Verbot soll ein Kind oder das Ansehen einer Familie schützen. Davor haben Kinder und Jugendliche großen Respekt, doch haben sie auch den Drang, die Wirklichkeit selbst zu erforschen – schon allein um herauszufinden, was sich hinter den Verboten der Eltern verbirgt. Je älter sie werden, desto stärker wird der Drang, selbst Stellung zu beziehen.

Stellen wir uns vor, dass ein Elternpaar seinem 14-jährigen Sohn verboten hat, Alkohol zu trinken, und er dennoch auf einer Party Bier trinkt. Der Junge hat jetzt zwei Möglichkeiten: Entweder kann er seinen Eltern offen davon erzählen, weil er weiß, dass seinen Eltern Offenheit wichtiger ist als Gehorsam. Hat er diese Erfahrung nicht gemacht, muss er die Wahrheit verbergen oder seine Eltern anlügen, wenn er nicht auf frischer Tat ertappt werden will.

Natürlich könnte man jetzt einwenden, dass der Junge einen Fehler gemacht hat und diesen auch zugeben sollte. Das mag sich überzeugend anhören, doch der Junge hat nichts Verkehrtes getan. Er hat nur etwas getan, das seine Eltern für verkehrt halten. Er hat mit der Wirklichkeit experimentiert, um seine eigene Haltung dazu herauszufinden. Das gehört zum Prozess des Erwachsenwerdens einfach dazu, und dieser Prozess beginnt nicht erst am 18. Geburtstag, sondern im Alter von 12, 13 Jahren.

Wenn sie davon erfahren, reagieren manche Eltern etwa folgendermaßen: »Es geht ja nicht darum, dass du Bier getrunken hast, obwohl du genau weißt, dass wir es dir verboten haben. Aber das Schlimme ist, dass du uns angelogen hast!« Auch das weiß der Jugendliche sehr genau und muss sich deshalb zwischen Pest und Cholera entscheiden: entweder den Bruch des Verbots zugeben und seine Strafe in Kauf nehmen oder lügen und den Zorn und die Enttäuschung der Eltern ertragen. Die Lüge entsteht deshalb, weil in der Familie kein Platz für unbequeme Wahrheiten ist.

Oft haben Eltern keine klaren Regeln oder Verbote formuliert, aber so strikte Meinungen zum Beispiel zu Alkohol, Sex, Discobesuchen oder Musikgruppen, dass ihre Kinder ihnen darin nicht folgen möchten. Deshalb versuchen sie, ihre eigenen Bedürfnisse, die sich jenseits der Wirklichkeit ihrer Eltern befinden, auszuleben, und tun alles dafür, diese geheim zu halten. »Aber bedeutet das«, mögen Sie jetzt fragen, »dass man keine Verbote erlassen und niemals starke Gefühle und Meinungen äußern darf?« Nein, ganz und gar nicht.

Man sollte sich darüber im Klaren sein, dass die Chance, belogen zu werden, mit der Anzahl an Verboten steigt.

Je mehr Verbote Sie aussprechen, desto mehr wird der Teenager genötigt, den verbotenen Teil der Realität auf eigene Faust zu erforschen, um seine Eltern zu schonen. Wenn die Eltern allerdings so oft unverhältnismäßig und verurteilend reagiert haben, dass der Teenager nichts mehr auf ihre Meinung gibt, wird er alles Verbotene völlig unverhohlen tun. Dabei ist der Jugendliche jedoch niemals moralisch schuldig. Die Eltern hingegen sind sowohl in moralischer als auch in psychologischer Hinsicht dafür verantwortlich, dass Lüge und Verheimlichung ein Teil der Familie geworden sind. Beide, Eltern und Jugendliche, haben oft das Gefühl, in eine Ecke gedrängt zu werden, wo sie sich letztlich zwischen der Familie und ihren persönlichen Prinzipien entscheiden müssen. Wenn sich die Erwachsenen für die Familie entscheiden, können sie sich auf eine turbulente Zeit mit starken Gefühlen einstellen, die am Ende mit ihrer Offenheit auch die Familie stärken wird. Falls sie jedoch lieber ihren Prinzipien treu bleiben, müssen sie mit einem lebenslangen Verlust einer echten Beziehung zu ihren Kindern rechnen.

»Ist das wirklich wahr?«, mögen Sie jetzt fragen.

Ja, gelogen ist es jedenfalls nicht!

Die Verantwortung des Stiefvaters

“

Ich bin im zehnten Jahr verheiratet, doch lebe ich mit meinem Mann bereits zusammen, seit mein ältestes Kind – mein 17-jähriger Sohn aus einer früheren Beziehung – ein Jahr alt war. Zusammen haben wir eine gemeinsame 11-jährige Tochter. Der 17-Jährige hängt meistens mit irgendwelchen Freunden rum oder geht auf Partys. Womit wir – wie ich meine – beim Kern des Problems wären …

Neulich ereignete sich Folgendes: An einem Samstagabend wurden wir von einem seiner Freunde angerufen, weil er zu betrunken war, um allein den Bus nach Hause zu nehmen. Zu diesem Zeitpunkt war ich selbst nicht mehr fahrtüchtig, da ich mich auf einem Fest befand und auch schon Alkohol getrunken hatte, doch mein Mann, der Stiefvater des Jungen, war zu Hause. Ich rief ihn an und bat ihn, den Jungen abzuholen, doch er weigerte sich mit der Begründung, dass er nicht wolle, dass der Junge ihm das Auto vollkotzt.

Nach mehreren Telefongesprächen einigten wir uns darauf, dass mein Sohn dort übernachten sollte, wo die Party stattfand.

Seit dieser Episode zieht sich mein Mann zunehmend von allen Dingen zurück, die den 17-Jährigen betreffen, doch fordert er weiterhin, dass mein Sohn ihm zuhört, wenn er spricht, und er redet sich oft in Rage. Ich habe meinem Mann schon oft zu erklären versucht, wie es uns anderen im Haus geht, wenn er zu »predigen« anfängt. Danach geht

es eine Weile ganz gut, bis er wieder in sein altes Muster verfällt. Im Übrigen ist mein Sohn jede zweite Woche bei seinem leiblichen Vater, wo er »durchatmet«, wie mein Mann sagt.
Natürlich ist niemand von uns ohne Fehler, doch hoffe ich, dass Sie mir vielleicht eine andere Art und Weise vermitteln, wie ich mich meinem Mann nähern und alles aus einem anderen Blickwinkel betrachten kann – manchmal war alles so schlimm, dass ich schon überlegt habe, ob ich lieber ausziehen soll. Aber das hieße ja nur, vor den Problemen davonzulaufen. Außerdem liebe ich meinen Mann, der ansonsten ein sehr rücksichtsvolles und freundliches Wesen hat. Ich kann nur nicht mehr damit leben, dass er meinen Sohn ständig so hart angeht. Die Alternative besteht darin, meine Sachen zu packen und mir gemeinsam mit den Kindern eine neue Wohnung zu suchen.

Eine unglückliche Mutter

Antwort von Jesper Juul:

Ihr Mann steckt offensichtlich in einem schweren Dilemma, und das vermutlich seit vielen Jahren. Wie soll er auf der einen Seite die Liebesbeziehung zu Ihnen und Ihrem gemeinsamen Kind bewahren und auf der anderen Seite eine konstruktive Beziehung zu Ihrem Sohn pflegen, der nicht der seine ist? Entweder liegt es daran, dass der Junge schon zwei Eltern hat und nur zeitweise sein »Bonuskind« ist, oder weil er nicht viel von ihm hält. Vielleicht ist er von Anfang an ein bisschen auf Distanz gegangen, weil er erlebt hat, dass sein Einfluss ohnehin sehr begrenzt ist.

Falls dies zutrifft, ist er bei Weitem nicht der einzige Bonusvater (für Bonusmütter gilt natürlich dasselbe), dem es schwerfällt, die Tatsache zu akzeptieren, dass er auf Ihrer persönlichen Hitliste immer die Nummer zwei bleiben wird und auf der Ihres Sohnes bestimmt noch ein gutes Stück tiefer rangiert.

Sie schreiben, Ihr Mann habe an sich ein »rücksichtsvolles und freundliches Wesen«, was nach meiner Kenntnis meines eigenen Geschlechts oft bedeutet, dass er es vorzieht, zu schweigen und um des lieben Friedens willen Kompromisse einzugehen. Dieser Konflikt (den ich als Konflikt zwischen Integrität und Zusammenarbeit oder zwischen Individualität und Anpassung bezeichne) war wohl schon seit Jahren aus dem Gleichgewicht geraten, und wenn dies geschieht, werden Menschen entweder aggressiv oder depressiv.

Das bedeutet, dass die aufgestaute Frustration und Aggressivität, die im Verhältnis zu Ihrem Sohn zum Ausdruck kommt, eigentlich nichts mit Ihrem Sohn zu tun hat.

Es ist weder das erste noch das letzte Mal, dass ein Kind zum Opfer oder Sündenbock für die ungelösten Konflikte der Eltern wird.

Statt sich mit seinem Dilemma an Sie oder einen professionellen Therapeuten zu wenden, hat Ihr Mann einen moralisch vertretbaren Grund gefunden, es an Ihrem Sohn auszulassen – nämlich die Tatsache, dass er sich diesem Konflikt hilflos ausgeliefert fühlt. Er sitzt sozusagen in seiner eigenen Falle und muss sich für ein Verhalten rechtfertigen, das im Grunde nicht zu rechtfertigen ist. Ihre Annahme, dass Ihr Sohn mit seinem pubertären Verhalten der eigentliche Auslöser des Konfliktes ist, teile ich nicht.

In diesem Zusammenhang macht es keinen großen Unterschied, ob es sich um biologische oder angenommene Kinder handelt. Wir können uns leicht darauf einigen, dass Ihr Mann sich nicht gerade vorbildlich verhält, doch fürchte ich, dass der weitere Verlauf vollkommen von Ihrer Initiative und Ihrem Willen abhängt, ihm zuzuhören und die inneren Konflikte Ihres Mannes anzunehmen. Sein

Verhalten Ihrem Sohn gegenüber zeigt sehr deutlich, dass er einen Punkt in seinem Leben erreicht hat, an dem er lernen muss, mehr Verantwortung für sich selbst zu übernehmen und seine existenziellen Konflikte mit Ihnen zu teilen.

Seine lebenslange Neigung, Kompromisse mit sich selbst einzugehen, berührt ja nicht nur sein Verhältnis zu Ihrem Sohn. Es geht auch um Ihre Paarbeziehung und Ihr Verhältnis zu Ihrer gemeinsamen Tochter. Das Wichtigste, was Sie für ihn tun können, ist, sein Dilemma anzuerkennen und ihn dabei zu unterstützen, sich allmählich aus diesem Dilemma zu befreien.

Um Ihrem Mann während dieses Prozesses eine konstruktive Dialogpartnerin zu sein, müssen Sie das »Symptom« – seine ungerechte Behandlung Ihres Sohnes – weitgehend außer Acht lassen. Ich darf getrost voraussetzen, dass Sie das Dilemma Ihres Mannes aus Ihren eigenen Beziehungen zu wichtigen Menschen in Ihrem Leben kennen. Vielleicht haben Sie für sich selbst eine Lösung gefunden, möglicherweise sind Ihre eigenen Konflikte aber genauso festgefahren wie seine.

Dessen ungeachtet erfordert die Situation viele spannende und wichtige Gespräche zwischen Ihnen und Ihrem Mann, und im Laufe der Zeit werden Sie feststellen, dass Sie das Schicksal Ihres Sohnes teilen, der sein ganzes Leben damit verbracht hat, seine Integrität in Bezug auf drei Erwachsene und zwei Elternhäuser zu wahren.

Falls es Ihnen unmöglich erscheint, den Konflikt aus eigener Kraft in den Griff zu bekommen, möchte ich Ihnen vorschlagen, die Hilfe eines erfahrenen Familientherapeuten in Anspruch zu nehmen und unter professioneller Anleitung gemeinsam mit Ihrem Mann nach einer Lösung zu suchen.

Das Problem besteht nicht in Ihren Gefühlen füreinander, sondern in der Art und Weise, wie Sie mit sich selbst umgehen.

Die besorgte Stiefmutter

“

Nach einem Jahr, das mir viel Kummer, Niedergeschlagenheit und Zorn gebracht hat, aber nur wenige ansatzweise optimistische Phasen, schreibe ich an Sie, um etwas »Dampf abzulassen«. Ich hoffe, Sie können mir und meiner Familie helfen, alles im rechten Licht zu betrachten, sodass wir die Schwierigkeiten aus dem Weg räumen und unsere Probleme lösen werden.

Mein Mann und ich halten seit fast 14 Jahren zusammen. Wir haben zwei gemeinsame Kinder im Alter von 7 und 11 Jahren. Mein Mann hat außerdem eine ältere Tochter aus erster Ehe, die im letzten Jahr aufs Gymnasium geht. Sie war knapp fünf Jahre alt, als ich auf der Bildfläche erschien. Die Beziehung ihrer Eltern war damals seit einem halben Jahr definitiv beendet, nachdem beide Partner jahrelang sehr unzufrieden gewesen waren.

Die Tochter meines Mannes lebt seit der Trennung ihrer Eltern bei ihrer Mutter. Ihre gesamte Kindheit hindurch haben wir immer versucht, sie in unser Leben einzubeziehen. Wir haben es immer als besondere Zeit betrachtet, wenn sie bei uns war. Aufgrund eines schlechten Rats haben wir es uns aber sehr oft einfach nur zu Hause gemütlich gemacht und sehr wenig miteinander unternommen. Bis vor ungefähr zwei, drei Jahren war sie an jedem zweiten Wochenende und in den Ferien bei uns. In dieser Zeit wurde das Verhältnis zur Exfrau

meines Mannes immer schlechter. Jahrelang war dieser Konflikt unter der Decke gehalten worden, doch nun brach er voll aus.
Das Mädchen zog sich immer mehr von uns zurück, und heute will es gar nicht mehr zu uns kommen. Ich meine, dass seine Mutter dafür verantwortlich ist. Womit ich natürlich nicht sagen will, dass wir in all den Jahren keine Fehler gemacht hätten, doch haben wir die Tochter meines Mannes immer als eine von uns behandelt und alles dafür getan, dass unser Zuhause auch ihr Zuhause ist. Ihr Vater und ich haben nie herablassend über ihre Mutter gesprochen, wir waren wirklich aufrichtig an ihrer »neuen« Familie interessiert. Auch an ihrem Leben, an der Schule und ihren Hobbys, hat mein Mann so gut es ging Anteil genommen. Eines der Probleme besteht sicherlich darin, dass mein Mann in den letzten acht Jahren sehr viel gearbeitet hat, stets lange Arbeitstage hatte und sich auch am Wochenende nur selten freinahm, weil er versuchte, ein eigenes Unternehmen aufzubauen. Doch waren seine Projekte nur hin und wieder erfolgreich, was zur Folge hatte, dass wir jetzt einen Haufen Schulden haben und hart dafür arbeiten, diese allmählich zurückzuzahlen.
Leider ist er mit den Unterhaltszahlungen für seine Exfrau ziemlich in Rückstand. Er hat immer zuerst sein eigenes Darlehen auf das Haus, die Stromrechnung und Versicherungen bezahlt, obwohl er sich natürlich darüber im Klaren ist, dass er die Unterhaltszahlungen leisten muss – das war ihm nur einfach nicht immer möglich.
Ich habe von den ausbleibenden Zahlungen nichts gewusst, bis mich seine Tochter neulich in einer Mail davon unterrichtete. Ich hatte ihr zuvor eine Mail geschrieben, um sie zu fragen, was sie sich zu Weihnachten wünscht, und bekam zur Antwort, sie wünsche sich, dass ihr Vater seine Schulden bei ihrer Mutter begleiche.
Meiner Meinung nach hat die Mutter ihre Tochter in diesen Konflikt absichtlich hineingezogen, was ich als haarsträubendes Verhalten empfinde. Mein Mann hat mehrfach versucht, seiner Exfrau die Situation zu erklären, wurde aber von ihr stets abgewiesen und bekam zu hören, wie egoistisch er sei. Sie warf ihm vor, dass er immer nur an

sich selbst und seine anderen Kinder denke und überhaupt kein Interesse an ihrer gemeinsamen Tochter habe.
Ich habe den Eindruck, dass sie den Gedanken nicht erträgt, dass mein Mann Zeit, Kraft und vor allem Geld für seine neue Familie aufwendet. Unsere beiden Kinder haben ihre große Schwester immer sehr lieb gehabt und sich gefreut, wenn sie bei uns war. Sie haben auch oft miteinander gespielt. Und jetzt fragen sie sich, warum sie nicht mehr kommt. Mir blutet das Herz, wenn ich daran denke, dass sie den guten Kontakt, den sie zueinander gehabt haben, für immer verlieren könnten. Meiner Meinung nach ist Familie ganz besonders wichtig, und die Verbindung zwischen den Kindern wird sicherlich darunter leiden, wenn die Älteste nicht mehr mit uns zusammen sein will.
Ich hoffe, ebenso wie ihr Vater, dass sie vielleicht in ein paar Jahren wieder zu uns kommen wird, wenn sie von zu Hause ausgezogen ist und auch anderen Einflüssen ausgesetzt ist als nur dem ihrer Mutter. Im nächsten Herbst will sie in einem anderen Teil des Landes ihr Studium aufnehmen (Psychologie!), und wir wünschen uns nichts sehnlicher, als dass ihr persönlicher Reifeprozess dazu beiträgt, dass wir wieder eine Familie sein können.
Zur ganzen Geschichte gehört auch die Tatsache, dass mein Mann von seiner Tochter stets verteidigt wurde, als sie noch jünger – etwa fünf bis zehn Jahre alt – war. Sie benahm sich fast so, als wäre sie in ihn verliebt, und reagierte sehr heftig, wenn jemand irgendetwas über ihn sagte, das sie als Kritik auffasste.
Ansonsten war sie immer der kleine Liebling in der Familie, der von allen verhätschelt wurde. Sie hatte stets gute Noten in der Schule, arbeitete sogar nebenher, um sich ein wenig eigenes Geld zu verdienen, und macht auf alle, denen sie begegnet, einen guten Eindruck. Nur bei uns nicht. Wir müssen ihre frechen Bemerkungen ertragen, ihre Unordnung und ihr Schmollen. Aber es fällt mir schwer, zu ertragen, dass sie uns von ihrem Leben ausschließt, dass wir ihr offenbar nichts bedeuten und dass die beiden Jüngsten ihre große Schwester verlieren. Was können wir tun?

Ich hoffe sehr, dass Sie mir eine Antwort zukommen lassen. Ich könnte natürlich noch tausend andere Dinge über unsere Familie schreiben, um alles noch weiter auszuführen, aber ich fürchte, das wäre wohl zu viel zu lesen.

Eine besorgte Stiefmutter

Antwort von Jesper Juul:

Ich bin sicher, dass es noch Tausende andere Dinge gäbe und dass Sie auch diese sorgsam und wahrheitsgetreu beschreiben würden, aber das würde an meiner Antwort nichts ändern. Ihre Stieftochter – die ich der Einfachheit halber Dora nennen möchte – hat sich vorübergehend von einem Teil ihrer Familie abgemeldet. Das ist keine moralische Entscheidung und hat auch nichts mit unmoralischem Verhalten – etwa dem ihrer Mutter – zu tun. Womit ich nicht sagen will, dass sie sich richtig verhält, sondern nur, dass Doras Verhalten das ist, was wir als »systemische Reaktion« bezeichnen.

Jede Familie (auch eine erweiterte wie die Ihre) bildet ein eigenes System, in dem alle sich permanent beeinflussen und beeinflusst werden – sowohl durch das, was man tut, als auch durch das, was man unterlässt.

Innerhalb dieses Systems sind alle aufeinander angewiesen und mitverantwortlich für die Entwicklung und das Wohlergehen des Einzelnen. Doras Entscheidung ist ein Produkt der Art und Weise, wie dieses System jahrelang funktioniert hat – diese Entscheidung muss daher nicht notwendigerweise vernünftig oder durchdacht sein. Sie folgt ihrer eigenen Logik, und die unterscheidet sich oft von den Erklärungen der betroffenen Person, die von Schuld handeln.

Wir alle finden Gründe für unsere Verhaltensweisen, mit denen wir diese vor uns selbst rechtfertigen – manchmal auch, indem wir andere angreifen und es damit vermeiden, Eigenverantwortung übernehmen zu müssen. Die Konfrontation wird somit aufgeschoben. All dies geschieht in einem Wirrwarr von bewussten und unbewussten Gedanken, Gefühlen und Handlungen, in die wir bestenfalls viele Jahre später eine gewisse Ordnung bringen können.

Stellen wir uns einmal vor, Dora hätte mir einen Brief mit dem folgenden Inhalt geschrieben:

»Mein Problem besteht darin, dass ich mich total ausgebrannt fühle. Ich bin 17 Jahre alt und habe 14 Jahre lang versucht, die Balance zwischen meinen geschiedenen Eltern und ihren neuen Familien aufrechtzuerhalten. Rein emotional haben meine Eltern ihre Beziehung nie richtig beendet, worunter besonders meine Mutter leidet, die meinem Vater und seiner neuen Frau gegenüber sehr kritisch ist. Mein Vater und seine Frau haben immer eine große Sache daraus gemacht, wenn ich bei ihnen war – wohl auch deshalb, weil mein Vater damit seine Schuldgefühle wegen der Scheidung bekämpft hat. Mein Problem besteht darin, dass ich ja eigentlich alle lieb habe, es aber so leid bin, immer zu allen lieb und freundlich sein zu müssen. Das hat zwar nie jemand direkt von mir verlangt, doch irgendwie ist es meine Rolle geworden, obwohl ich als Kind wohl auch ziemlich anstrengend sein konnte.

Mein Vater hat seit Langem finanzielle Probleme und verbringt nur wenig Zeit mit meinen Halbgeschwistern. Die Probleme meiner Mutter sind eher emotionaler Art.

Jetzt kann ich einfach nicht mehr! Andere 17-Jährige haben viel mehr Freizeit als ich und müssen sich nicht ständig mit ihren Eltern, Stiefeltern, Geschwistern und Halbgeschwistern beschäftigen. Noch dazu erkennt keiner meiner Eltern meinen Einsatz an, sondern sie betrachten es als selbstverständlich, dass ich genug Zeit und Energie habe, um mit ihnen zusammen zu sein.

Deshalb habe ich mich entschieden, den Kontakt zu meinem Vater und seiner Familie erst mal auszusetzen, weil meine Mutter mich trotz allem am meisten braucht. Doch werde ich auch von einem schlechten Gewissen geplagt, weil ich weiß, dass es meinem Vater schlecht geht und er mein Verhalten nicht verstehen kann. Was soll ich tun?«

Ich schlage Ihnen und Doras Vater vor, Dora zu bitten, für einen halben Tag zu Ihnen zu Besuch zu kommen und sich Zeit zu nehmen, damit Sie sich ganz in Ruhe von ihr und den alten Rollen verabschieden können. Danken Sie ihr aufrichtig für ihren großartigen Einsatz für die Familie in all den Jahren und entlassen Sie Dora dann in die Freiheit. Lassen Sie sie wissen, was sie jedem von Ihnen bedeutet (auch die beiden Halbgeschwister sollten bei diesem Gespräch dabei sein!), und entlassen Sie Dora ins Leben, verbunden mit der Garantie, dass sie, wenn sie möchte, jederzeit zu Ihnen zu Besuch kommen kann.

Wenn das geschehen ist, beginnen Sie nicht mit einem neuen Spiel, sondern warten einfach auf Doras Initiative. Laden Sie sie ein, wenn Sie Zeit und Lust haben, und stellen Sie sich darauf ein, dass sie die Aufrichtigkeit der Einladung prüfen wird – also von ihrem Recht Gebrauch macht, die Einladung abzulehnen, ohne deshalb ein Schuldgefühl haben zu müssen.

Sie braucht diese Handreichung von ihrem Vater, der ihr ja nie beigebracht hat, wie man sich richtig von einer alten Beziehung verabschiedet, um eine neue willkommen zu heißen.

Die Zukunft wird zeigen, ob eine bereichernde erwachsene Freundschaft zwischen Ihnen entstehen kann, für die sich jeder Einzelne qualifizieren muss. Liebe allein genügt nicht!

Die Kunst, Nein zu sagen, muss früh erlernt werden

In unserer Gesellschaft herrscht zu Recht eine große Aufmerksamkeit, was die vielen gewalttätigen und sexuellen Übergriffe anbelangt, denen Kinder und Jugendliche ausgesetzt sind. Die sexuellen Übergriffe gegenüber jungen Frauen sind für die Medien natürlich am interessantesten, doch weist vieles darauf hin, dass diesen auch zahlreiche junge Männer zum Opfer fallen – auch wenn die Scham ihnen oft gebietet, zu schweigen.

Daher ist man natürlich besonders an Schulen und anderen Einrichtungen für junge Menschen darauf bedacht, etwas zu unternehmen, das diesen Übergriffen vorbeugen kann. Doch eigentlich geht es nicht nur um sexuelle Übergriffe und Gewalt, die für das gesamte weitere Leben enorm zerstörerische Folgen haben und daher moralisch zu Recht verurteilt werden. Es geht ebenso sehr um das selbstzerstörerische Verhalten von Kindern und Jugendlichen, das diese in Bezug auf Alkohol, Drogen oder Pornografie zeigen. In allen Fällen erleidet die persönliche Integrität des jungen Menschen Schaden, was für seine zukünftige Lebensqualität ernste Konsequenzen hat.

Historisch gesehen, wurden Kinder im Allgemeinen als Eigentum ihrer Eltern betrachtet und von diesen dementsprechend wie Objekte behandelt. Ihre persönlichen Grenzen und ihre Integrität spielten im öffentlichen Raum einfach keine Rolle. Das änderte sich erst mit der UN-Kinderrechtskonvention, die 1990 in Kraft trat und von zahlreichen Staaten unterzeichnet wurde. Heute wissen wir, dass die schwerwiegendsten Übergriffe oft in Milieus stattfinden, von denen eigentlich ein hoher moralischer Standard erwartet wird – sowohl Lehrer als auch Sozialpädagogen oder Geistliche zählen hier zu den schwarzen Schafen. Es liegen leider keine konkreten Zahlen vor, ob heute mehr Kinder missbraucht werden als vor etwa 70 Jahren, doch vieles spricht für diese Annahme.

Von 1975 bis 1985 habe ich mit einer Gruppe alleinstehender Mütter zusammengearbeitet, die alle aus der untersten sozialen Schicht stammten. Über drei Monate hinweg waren es täglich sechs intensive Stunden, gefolgt von einem Jahr der Begleitung. Ungefähr 75 Prozent von ihnen hatten als Kinder schweren Missbrauch erlebt und lebten zu diesem Zeitpunkt in Paarbeziehungen, in denen Gewalt und sexuelle Übergriffe an der Tagesordnung waren. Das Leben in einer Familie war für sie gleichbedeutend mit Gewalt und sexueller Ausnutzung, und nicht selten waren meine Kollegen und ich darüber stärker empört und erschüttert als sie selbst.

Dies war eine Zeit, in der Frauen sich immer noch einredeten, sie hätten die Gewalt irgendwie verdient – es sei ihre eigene Schuld, weil sie den Wünschen und Bedürfnissen ihrer Männer nicht nachkommen konnten oder wollten. Andere Frauen in ähnlicher Lage landeten zumindest zeitweise in sogenannten Krisenzentren, in denen die Angestellten und Freiwilligen eine großartige Arbeit leisteten, indem sie diesen Frauen in moralischer wie gesellschaftspolitischer Hinsicht den Rücken stärkten. Ich hatte die Möglichkeit, in einem dieser Krisenzentren Supervision zu betreiben, also die Arbeit in beratender Funktion zu begleiten, und wunderte mich gemeinsam mit dem Personal darüber, dass die meisten Frauen entweder zu ihren gewalttätigen Männern zurückkehrten oder sich in neue Männer von derselben Sorte verliebten. Wir mussten also lernen, dass unsere noch so guten Absichten allein keinen Schutz gewährten. Die Frauen, die lernten, eine konstruktivere Wahl zu treffen, ließen sich auf einen psychotherapeutisch inspirierten persönlichen Entwicklungsprozess ein. Sie waren nämlich nicht nur ihren Männern zum Opfer gefallen, sondern auch ihren Eltern, Freundinnen, Kindern und Sozialarbeitern – kurz gesagt all jenen, die entweder eine Autorität repräsentierten oder in einer emotionalen Beziehung zu ihnen standen. Erst als diese jungen Frauen lernten, Eigenverantwortung zu übernehmen und mit gutem Gewissen »Nein« zu sagen, waren sie in der Lage, gleichwürdige Beziehungen einzugehen.

Genau dasselbe habe ich als Therapeut, Ratgeber und Supervisor bei mehr als 2000 kritisch denkenden, gut ausgebildeten Männern und Frauen erlebt, mit denen ich als Leiter einer psychoanalytischen Fortbildung zusammenarbeiten durfte. Die Rolle des Opfers wird uns stets von anderen Menschen zugeteilt, die Macht über uns – oft auch Verantwortung für uns – haben, doch das Ablegen der Opferrolle ist stets eine persönliche, keine moralische Entscheidung. Was nicht bedeutet, dass der freie Wille automatisch vor Übergriffen schützt. Doch es spricht alles dafür, dass Menschen, die sich abgrenzen und ihre persönlichen Grenzen definieren können, die wissen, was sie wollen und was sie nicht wollen, die zu einem Ja und zu einem Nein in der Lage sind und daher ein gesundes Selbstgefühl und ein hohes Maß an Selbstrespekt haben, seltener zu Opfern werden. Was sowohl Übergriffe von außen als auch selbstdestruktive Entscheidungen mit einschließt.

Das ist der Hauptgrund, warum ich manchmal ein wenig deprimiert bin, wenn eine Diskussion über Kindererziehung mal wieder in der Forderung mündet, dass Eltern ihren Kindern Grenzen in Form von Regeln und Verboten setzen müssten. Wenn Eltern dies unbedingt für notwendig halten, sollen sie es eben tun, doch wenn wir von einer Erziehung sprechen, die auch einen vorbeugenden Charakter haben und Kindern wie Jugendlichen ein Maximum an Lebensqualität ermöglichen soll, sind solche Grenzen ehrlich gesagt von geringer Bedeutung. Sich Grenzen zu setzen ist eher etwas für Erwachsene – für die Fähigkeit junger Menschen, sich abzugrenzen, für ihren Selbstrespekt, ihre persönlichen und sozialen Grenzen spielt dies keine Rolle. Der vorbeugende Wert dieser Ideologie der Grenzen ist sehr begrenzt!

Von entscheidender Bedeutung ist, dass vor allem die Eltern ihre persönlichen Grenzen kennen und diese in ihrer Beziehung zu den Kindern und Jugendlichen ernst nehmen.

Das gilt völlig unabhängig davon, ob diese Grenzen einen emotionalen oder moralischen Charakter haben oder mit dem Zeitgeist in Einklang stehen.

Wenn es Eltern glückt, ihre eigenen Grenzen ernst zu nehmen, lernen ihre Kinder sowohl die persönlichen Grenzen anderer Menschen zu respektieren als auch ihre eigenen Grenzen zu entdecken und zu achten. In emotionaler wie in existenzieller und sozialer Hinsicht entwickeln sie ihre eigene gesunde Autorität, die sie gegen Übergriffe und selbstzerstörerische Entscheidungen weitgehend immun macht.

Eltern tun sowohl sich selbst als auch ihren Kindern einen großen Gefallen, wenn sie zu ihren Kindern Nein sagen können, weil sie gleichzeitig zu ihren eigenen Gefühlen und Überzeugungen Ja sagen müssen. Nicht weil das »gut für die Kinder« wäre oder dem moralischen Mainstream entspräche, sondern ganz einfach um für die eigene persönliche Integrität Sorge zu tragen und damit gleichermaßen ein hervorragendes Beispiel für ihre Kinder abzugeben. Um Verantwortung für die eigene, individuelle Existenz zu übernehmen, statt den Kindern, der Zeit, anderen Eltern oder pädagogischen Autoritäten zum Opfer zu fallen.

Wenn es darauf ankommt, gibt es nämlich nur eine Alternative zur Opferrolle, und die heißt persönliche Verantwortung. Und darauf kommt es fast immer an – zum Beispiel, wenn wir plötzlich zu

»richtigen« Opfern werden oder unsere Kinder betroffen sind. Das Problem besteht darin, dass man diese persönliche Verantwortung nur auf zwei Arten lernen kann: entweder durch das exemplarische Verhalten der Eltern oder auf dem »steinigen Weg« – durch Übergriffe, Kränkungen und Psychotherapie.

Das scheint eine gewaltige Forderung an die Eltern zu sein, und in vieler Hinsicht ist es das auch. Denn der Respekt vor dem Individuum sowie Selbstrespekt und Selbstgefühl sind historisch gesehen relativ neue Werte, die wir noch lange nicht fest in unser Bewusstsein integriert haben und als selbstverständliche persönliche Kompetenz erachten.

Daher ist es auch nicht verwunderlich, dass die Entscheidungen der erwachsenen Welt manchmal wenig durchdacht erscheinen. Seit mehr als einer Generation versucht eine gut gemeinte politische Initiative nach der anderen, das destruktive beziehungsweise selbstdestruktive Verhalten von Kindern und Jugendlichen in Bezug auf Alkohol, Essstörungen, Drogen, Mobbing oder sexuelle Übergriffe anzuprangern. All diese Kampagnen haben, wenn überhaupt, nur eine kurzzeitige Wirkung – aus dem einfachen Grund, weil es sich um »Anti-Kampagnen« handelt. Sie richten sich gegen existenzielle und soziale Symptome, statt »Pro-Life-Kampagnen« zu sein. Natürlich wäre es ein Leichtes, solche »Pro-Life-Kampagnen« ins Leben zu rufen – warten wir einfach darauf, bis die Werbebranche diesen Begriff für sich entdeckt –, es fragt sich jedoch, ob das alltägliche Zusammenspiel in der Familie, in Kindergarten und Schule damit Schritt halten könnte.

Je mehr Eltern und erwachsene Autoritäten die Kunst zum inneren Nein erlernen – selbstverständlich nachdem sie die individuelle Existenz ihrer Kinder von ganzem Herzen bejaht haben –, desto nachhaltiger stärken wir die persönliche und soziale »Immunabwehr« unserer Kinder. Das ist zweifellos ein Langzeitprojekt und womöglich von nur geringem politischem Interesse, doch nichtsdestotrotz ist es von großer Wichtigkeit.

Es gibt keine unmöglichen Teenager – nur unglückliche Beziehungen!

“

Mit großem Interesse habe ich den Brief der alleinerziehenden Mutter mit den großen Söhnen sowie Ihre Antwort gelesen. (Den Brief mit der Antwort von Jesper Juul finden Sie hier im Buch ab Seite 166.) Es kam mir so vor, als hätte jemand meine eigene Situation beschrieben, denn meine Söhne sind ebenfalls 18 und 20 Jahre alt, und auch mein Jüngster verhält sich so wie hier beschrieben. Unsere Gesamtsituation ist ein wenig anders, hat jedoch viele Gemeinsamkeiten. Im Gegensatz zu der alleinerziehenden Mutter bin ich verwitwet. Mein verstorbener Mann war nicht der biologische Vater meiner beiden Söhne, doch hatten sie ein enges Verhältnis zueinander, sodass besonders mein Jüngster sehr um ihn trauert. Er bekommt deshalb psychologische Hilfe durch einen Therapeuten. Ich selbst und auch sein biologischer Vater unterstützen ihn, so gut es geht.

Das Problem ist jedoch, dass mein Jüngster mir immer wieder das Leben schwer macht. Er zeigt mir gegenüber mangelnden Respekt und hat ein untrügliches Gespür für meine wunden Punkte. Immer wieder

bekomme ich zu hören: »Du denkst immer nur an dich! Jetzt jammerst du wieder! Du tust dir selber leid«! Oder er schreit mich so lange an, bis ich schließlich erschöpft nachgebe und ihm beispielsweise das Geld gebe, das er verlangt. Dahinter steckt seine unausgesprochene Begründung: Das bist du mir schuldig, weil du unser gemeinsames Haus verlassen und dich von meinem Vater getrennt hast.
Natürlich fällt es mir schwer, damit umzugehen, ich trauere sehr um meinen Mann und kämpfe gegen die Einsamkeit an, die unweigerlich auftaucht, wenn die Liebe verschwindet und nichts als ständige Forderungen auftauchen. Aber genug davon.
Sie haben schon vielen Eltern einen guten Rat gegeben, sicher können Sie mir sagen, wie ich mit dem Verhalten meines Sohnes zurechtkommen soll. Ich werde Ihren Rat gerne beherzigen. Momentan brauche ich viel Widerstandskraft, wenn ich von meinem Sohn mit Anklagen und Vorwürfen überhäuft werde.
Natürlich kann ich meinem Sohn sagen, dass er ausziehen soll, doch solange er nicht weiß, wohin, wird das wohl eine leere Drohung bleiben, die er nicht ernst nimmt.

Eine unglückliche Mutter

Antwort von Jesper Juul:

Lassen Sie mich zunächst betonen, dass Sie mit Ihren Problemen alles andere als allein sind.

Bevor ich auf Ihre Frage eingehe, möchte ich zunächst ein paar allgemeine Worte über die Beziehung zwischen Eltern und Kindern sowie über andere zwischenmenschliche Beziehungen sagen. Wir müssen uns darüber im Klaren sein, dass ein bestimmtes Verhalten – wie das Ihres Sohnes – nur aufrechterhalten werden kann, solange die andere Seite »mitspielt«, indem sie ebenfalls an ihrem Verhalten festhält. Sobald die eine Seite ihr Verhalten ändert, ändert sich die gesamte Beziehung. Zwar ändert sie sich nicht immer genau so, wie man es sich vorgestellt hat, doch fast immer zum Besseren.

So wie Sie mir die bisherige Beziehung zu Ihrem Sohn beschrieben haben, war sie von Ihrer Seite aus von schlechtem Gewissen und Schuldgefühlen geprägt, während Ihr Sohn Ihnen mit Zorn begegnet ist, was darin gipfelte, dass Sie sich von ihm immer wieder haben erpressen lassen. Das wäre nicht möglich gewesen, hätten Sie nicht selbst so gedacht und gehandelt, als wären Sie schuldig. Die Erklärungen, die Sie sich selbst geben, haben sich im Laufe der Zeit geändert, und im Moment tut er Ihnen leid, weil er so schwer am Tod seines Stiefvaters trägt.

Es ist niemals klug, sein Verhalten aufgrund strategischer Überlegungen zu ändern, sich etwa die Frage zu stellen: »Wie kann ich am ehesten erreichen, dass der andere sich ändert, damit unser Verhältnis besser wird?« Das gilt sowohl für das Verhalten von Eltern zu ihren jüngeren, älteren oder erwachsenen Kindern als auch für das Verhalten erwachsener Kinder zu ihren Eltern.

Eine Änderung des Verhaltens sollte immer auf Reflexionen darüber basieren, was man will und was man nicht will, was man zulässt und was man nicht zulassen möchte.

Man muss sich zunächst fragen, was das Beste für einen selbst ist – nicht was das Leichteste oder Angenehmste ist. Man muss die Wahrheit über sich selbst in dieser Beziehung herausfinden. Was kann ich tun, oder was kann ich sagen, um mein eigenes selbstzerstörerisches Verhalten zu ändern?

Wenn Sie die Antwort auf diese Frage gefunden haben, werden Sie eine große Erleichterung verspüren, eine neue Klarheit in Kopf und Körper, die keinen Zweifel an der eigenen Rolle lässt, die Sie in der Beziehung zu Ihrem Sohn einnehmen. Sobald Sie ihm gegenüber die richtigen Worte über sich selbst finden, haben Sie sich als Mensch verändert – übrigens werden auch andere Menschen diese Veränderung bewusst oder unbewusst wahrnehmen und ihr Verhalten ebenfalls ändern.

Das Finden der richtigen Worte kann Tage, Wochen oder Monate in Anspruch nehmen, und Sie sollten diesen Prozess nicht dadurch beeinträchtigen, dass Sie bereits spekulieren, wie Ihr Sohn wohl darauf reagieren wird.

Wenn Sie Ihr Verhalten von der mutmaßlichen Reaktion Ihres Sohnes abhängig machen, gehen Sie mit sich selbst einen Kompromiss ein und verhalten sich weitgehend strategisch, was Ihre Glaubwürdigkeit (weiter) schwächt und Sie zu einem schlechten Vorbild für Ihre Söhne macht.

Das mag sich vielleicht ein wenig kompliziert anhören, ist die Mühe aber absolut wert. Als Zugabe erhalten wir eines der vielen unerwarteten und eigentlich unerwünschten Geschenke unserer Kinder, die von den Eltern oft weder entgegengenommen noch ausgepackt werden, weil wir standhaft der Meinung sind, das Kind verhalte sich falsch, und daher unser falsches Verhalten fortsetzen. Das ist ein übliches Elternverhalten kleinen Kindern gegenüber, doch bei älteren oder erwachsenen Kindern hilft diese Methode nicht. Sie fordern uns genau an der Stelle heraus, wo wir es am wenigsten wollen, aber am meisten brauchen.

Sie können gewiss sein, dass Ihr Sohn erst mal fuchsteufelswild wird, wenn er seine »neue« Mutter hört und sieht, doch liegt das nur daran, dass er sich inzwischen an die liebevolle, fürsorgliche, sich selbst keine Grenzen setzende und erpressbare Ausgabe von Ihnen gewöhnt hat. So hat er Ihre Art von Liebe kennengelernt und reagiert verständlicherweise mit Angst und Zorn, wenn diese auf einmal nicht mehr existiert.

In jedem Fall wird in Ihrer neuen Beziehung mehr Leben und Kraft sein als zuvor, und in wenigen Jahren werden Sie sich beide darüber wundern, wie es so weit hatte kommen können.

Ihre »Drohung«, Ihr Sohn solle ausziehen, wäre Teil einer Strategie, und Strategien braucht man in einer Liebesbeziehung nur dann, wenn man Krieg führt oder den anderen manipulieren will. Hier geht es darum, die Erkenntnis zu erlangen, dass man auf diese Art und Weise nicht mehr mit dem anderen zusammenleben will. Das wird Ihr Sohn möglicherweise als Drohung empfinden, aber darüber müssen Sie nicht spekulieren. Er ist eingeladen, zu Ihren neuen Worten Stellung zu beziehen – über die Situation auf dem Wohnungsmarkt müssen Sie sich keine Gedanken machen (wenn er tatsächlich ausziehen möchte, ist das sein »Business«).

Zum Schluss eine Warnung: Dies wird für immer Ihre Auffassung dessen ändern, was eine »richtige« Mutter ist, und Sie müssen sorgfältig abwägen, ob Ihr Selbstbild das aushält!

13 Jahre – dick oder nur Körperfixiert?

“

Ich lese mit großem Interesse Ihre Kolumnen und möchte Sie heute selbst um einen Rat fragen.
Meine Tochter ist 13 Jahre alt. Mein Mann und ich haben spät geheiratet und unser Kind bekommen. Wir sind ökonomisch abgesichert, haben eine gute Beziehung und führen ein aktives Leben.
Das Problem unserer Tochter besteht darin, dass sie sich dick fühlt. Sie ist jedoch durchaus ein hübsches Mädchen mit vielen Talenten, und wir Erwachsenen sehen natürlich, dass sie nicht »fett« ist (wie sie selbst sagt), doch sie ist eben auch nicht so schmal und dünn wie die anderen Mädchen in ihrer Klasse.
In ihrem Alter ist es ja sehr wichtig, so zu sein wie die anderen, doch das Wissen, dass diese Einstellung sich später ändert, ist nur ein geringer Trost. Leider glaubt sie, sie sei dazu verdammt, für den Rest ihres Lebens »fett« zu sein. Sie sagt auch, dass es nicht ausreicht, hübsch zu sein – man müsse gleichzeitig auch dünn sein.
Viele ihrer Probleme kenne ich aus meiner eigenen Jugend. Ich wusste in meiner Jugend, dass ich hübscher war als viele andere Mädchen, die jedoch quasi auf der sicheren Seite waren, weil sie dünn waren. An dieser Forderung hat sich offenbar nichts geändert.
Leider graut es ihr inzwischen vor dem wöchentlichen Sportunterricht in der Schule. Und sie hat eindeutig eine Schwäche für Süßigkeiten. Ich

habe schon oft mit ihr über die Wichtigkeit von Bewegung und einer ausgewogenen Ernährung geredet, will sie aber auch nicht zu sehr unter Druck setzen oder ihr gar die Süßigkeiten ganz verbieten. Mein Mann und ich sind nicht besonders sportlich, obwohl wir gerne Touren unternehmen und Fahrrad fahren. Ich selbst ernähre mich bewusst, wir haben beispielsweise nur selten Limonade im Haus, doch sehe ich auch, dass es mit wachsendem Wohlstand und vielen Sozialkontakten schwer ist, Zucker gänzlich zu vermeiden. Früher ist sie immer so gern schwimmen gegangen – wie wir auch –, aber auch das will sie heute leider nicht mehr.

Meine eigene Mutter hat früher ständig die Wahl meiner Kleidung kritisiert. Sie meinte, man müsse seine Kilos verstecken und sich »diskret« kleiden. Daher haben wir abgemacht, dass ich mich bei meiner Tochter nur selten in ihre Kleiderwahl einmische, und wenn ich es tue, dann meist mit Lob.

Erwachsen zu werden ist nicht einfach, doch ich möchte ihr so gern dabei helfen. Ich rede immer mit ihr, wenn sie mich dazu einlädt, und versuche stets, offen und ehrlich zu sein.

Haben Sie einen guten Rat für mich?

Darauf hofft eine besorgte Mutter

Antwort von Jesper Juul:

Ich finde, dass Sie sich bisher sehr gut geschlagen haben und Ihre eigenen Kindheitserfahrungen konstruktiv nutzen. In meinem Fachgebiet unterscheiden wir zwischen »Krisen« und »kritischen Lebensphasen«, und es deutet alles darauf hin, dass sich Ihre Tochter in einer kritischen Lebensphase befindet, wie es in der Pubertät oft der Fall ist. Hinzu kommt, dass ihre Körperfixierung größer ist, als ihr guttut, aber das gilt ja ungefähr für die Hälfte aller Frauen zwischen zehn und sechzig.

Natürlich ist es schwer, überzeugend mit so einem jungen Mädchen zu sprechen, wenn vieles, das es in seiner Umgebung erlebt – bei Freundinnen, deren Müttern und Idolen –, davon handelt, schlank zu sein oder abzunehmen.

Ihr derzeitiges Verhalten lässt darauf schließen, dass sich Ihre Tochter am äußersten Rand eines Kreises befindet, dessen Zentrum Essstörungen wie Bulimie oder Anorexie bilden.

Die Art und Weise, wie Sie Ihre Tochter beschreiben, deutet darauf hin, dass sie unter dem typischen »Teenagerblues« leidet, bei dem sich negative Gefühle und schwierige Gedanken auf den Körper fokussieren.

Das liegt wohl zum einen daran, dass sie – wie so häufig in der Pubertät – tatsächlich unzufrieden mit ihrem Körper ist, und zum anderen, dass es schwierig ist, traurig zu sein, ohne dies mit etwas Konkretem verbinden zu können.

Es besteht kein Zweifel, dass die Erwachsenen, die heute zwischen 30 und 40 Jahre alt sind, mit ihrem eigenen Verhalten zu dieser Körperfixierung beigetragen haben: mit ihren ewigen Diskussionen über die richtige Diät, mit der lächerlichen Aufgeregtheit, mit der »überflüssige« 1300 Gramm an hübschen, schlanken Models kritisiert werden, mit dem Verhalten von Verkäufern, die ihre Kunden falsch beraten, und nicht zuletzt mit einer Werbebranche, die viel mehr Geld damit verdient, unser schlechtes Gewissen zu wecken, als unsere wahren Bedürfnisse zu befriedigen.

Die größte und wichtigste Frage lautet natürlich, ob sich Ihre Tochter ohne diese Kulturphänomene genauso verhalten würde. Hat sie ein geringes Selbstwertgefühl? Gibt es Dinge in ihrer Familie oder in ihrem Kopf, die sie traurig machen? Hat sich ihre Einstellung weitgehend eigenständig entwickelt, oder ist sie dem Mobbing von Gleichaltrigen zum Opfer gefallen und wurde dadurch aus dem Gleichgewicht gebracht? Viele Fragen, auf die sich nicht sofort eine Antwort finden lässt.

Dass sie diese Gedanken und Gefühle hegt, ist jedoch eine Tatsache, und obwohl es für Sie schmerzhaft ist, dies zu erleben, würde ich an Ihrer Stelle nicht versuchen, sie vom Gegenteil zu überzeugen. Es ist gut, dass sie Ihre Einstellung und Ihre Geschichte kennt. Dessen ungeachtet kommt es vor allem darauf an, sie so zu akzeptieren, wie sie ist, beispielsweise mit folgenden Worten: »Ich weiß ja, dass du so denkst. Das muss sehr schwer für dich sein, und ich wünschte, ich könnte dir die Situation erleichtern.«

Bei den meisten der jungen Frauen verschwindet die destruktive Selbstkritik irgendwann und weicht differenzierteren Gedanken und Gefühlen.

Bis es so weit ist, machen alle – vor allem natürlich sie selbst – eine schwere Zeit durch. Ihre eigenen Erfahrungen und Ihr Feingefühl waren Ihnen beiden eine Hilfe, also machen Sie bitte so weiter.

Ein abwesender Papa

“

Vor zwei Jahren wurde ich geschieden. Mein Ex hat inzwischen eine neue Frau kennengelernt. Sie kommt aus einem anderen Land und hat zwei Kinder im Alter von 10 und 15 Jahren. Unsere gemeinsamen Kinder sind 10 und 13 Jahre alt. Aus Rücksicht auf meine Kinder wohne ich im selben Wohngebiet wie mein Mann. Wir haben in unserer Wohnung relativ wenig Platz.
Jetzt hat mein Mann seine neue Frau und ihre Kinder nach Deutschland geholt. Für mich ist das völlig unproblematisch, obwohl ich es war, die verlassen wurde. Heute geht es mir viel besser als damals, da ich oft sehr einsam war, weil mein Mann sehr viel Zeit an seinem Arbeitsplatz verbringt. Ich wünsche den beiden viel Glück.
Bei den Kindern haben wir (wegen seines Jobs) eine 70-30-Aufteilung, sie sind mehr bei mir.
Nachdem sie die letzten Wochen bei mir waren, sind meine Kinder jetzt zu ihrem Vater gegangen, um den Rest der Sommerferien bei ihm und seiner Familie zu verbringen.
Das Problem besteht darin, dass er die meiste Zeit an seinem Arbeitsplatz ist. Die Kinder sind in dieser Zeit bei seiner neuen Frau und deren Kindern (denen sie bisher nur im vorigen Sommer einmal begegnet sind). Alle können ein bisschen Englisch, doch meine Kinder sprechen nicht die Muttersprache der anderen. Wenn ihr Vater nicht in der Nähe ist, weiß meine 13-jährige Tochter gar nicht, wie sie sich verhalten soll. Jetzt ist sie zu mir zurückgekehrt und will für den Rest der Ferien nicht mehr dort sein.

Meine zentrale Frage lautet: Wie viel Anpassung kann ich von meiner Tochter erwarten? Meines Erachtens hätte man sie einer solchen Situation nicht aussetzen dürfen – ohne ihren Vater. Sie beklagt sich bei mir, dass sie gar nicht weiß, was sie mit den anderen reden soll. (Im Allgemeinen ist sie sehr freundlich, pflichtbewusst und hat einen ausgeprägten Gerechtigkeitssinn.)
Ist es richtig von mir, sie zu bitten, es noch mal zu versuchen, dem Ganzen »mehr Zeit« zu geben, sodass sie die neue Familie ihres Vaters besser kennenlernen kann? Was kann ich tun, um ihr zu helfen, und was muss ich unbedingt vermeiden, um die Situation nicht schlimmer zu machen – ohne ihr das Gefühl zu geben, von mir weggeschoben zu werden oder bei mir unerwünscht zu sein?
Gleichzeitig verstehe ich die Frustration meiner Tochter, wenn sie zu hören bekommt, dass »die Neuen es doch am schwersten haben«, sie sich Mühe geben und ihnen helfen müsse. Mein Ex vertraut darauf, »dass sich die Kinder schon anpassen werden«. Ich glaube hingegen, dass der Grad der Anpassung auch von der Chemie, vom Alter der Beteiligten und dem Verhalten der Erwachsenen abhängt. Nicht alle Kinder passen zusammen.
Dass meine Tochter jetzt in der Pubertät ist, macht die Sache natürlich nicht einfacher.

Eine Mutter, die Ihren Rat braucht

Antwort von Jesper Juul:

An Ihrer Stelle würde ich meine Tochter wieder bei mir willkommen heißen und sagen: »Aber darüber müssen wir beide natürlich auch mit Papa reden. Er kann euch nicht einfach mit drei fremden Menschen allein lassen, die noch dazu eine andere Sprache sprechen, und damit rechnen, dass ihr schon irgendwie mit der Situation klarkommt, während er an seinem Arbeitsplatz ist.«

So viel können Sie für Ihre Tochter tun, alles andere müssen Sie jedoch Ihrem Exmann überlassen. Es geht ja nicht darum, dass er sich »sicher« fühlt, »dass sich die Kinder schon anpassen werden«, sondern dass seine Tochter dies nicht tut. Das bedeutet nicht, dass er alle beruflichen Verpflichtungen vernachlässigen muss, doch sollte er seiner Tochter eine klare Nachricht etwa folgenden Wortlauts zukommen lassen: »Leider kann ich nicht bei euch sein, aber ich hoffe, ihr findet einen Weg, euch ein wenig näherzukommen. Wenn das nicht der Fall ist, müssen wir mit deiner Mutter reden, ob sie ihre Abmachung mit mir ändern kann.«

Meiner Meinung nach sind Sie dabei, den gleichen Fehler zu begehen wie so viele geschiedene Frauen und Mütter. Sie fahren damit fort, die Hauptverantwortung für das Wohlergehen Ihrer Kinder zu tragen – auch wenn diese mit der neuen Familie Ihres Exmannes zusammen sind.

Das ist weder klug hinsichtlich Ihrer Beziehung zu Ihrem Exmann, noch sind Sie damit ein gutes Vorbild für Ihre Tochter. Natürlich will ich nicht leugnen, dass Sie mit der ungleichen Verteilung von Macht und Kontrolle bisher sehr gut gelebt haben, doch können Sie sich ja selbst fragen, ob es dieses Frauenbild ist, das Sie Ihrer Tochter vermitteln wollen.

Im Moment ist sie ratlos. Sie würde die Erwartungen ihres Vaters gern erfüllen, ist aber nicht in der Lage dazu. Die Alternative bestünde darin, dass sie die »Erwachsene« in der neuen Familie ihres Vaters wird, der den »beschäftigten Geschäftsmann« spielt. Seine neue Frau hat in Deutschland selbstverständlich noch nicht genug Fuß gefasst, um der starke Mittelpunkt der Familie zu sein.

Es gereicht Ihrer Tochter zur Ehre, dass sie nicht einfach in die Fantasiewelt ihres Vaters hineingleitet, sondern auf ihren eigenen Gefühlen und ihrem guten Recht, in der Pubertät zu sein, besteht.

Als Kind hat man in einer solchen Situation zwei Möglichkeiten, um für das Leben seines Vaters wertvoll zu sein. Man kann lieb und nett und überflexibel sein. Das würde den Vater Ihrer Tochter vielleicht freuen, doch ihre Hoffnung, mehr Zeit mit ihm zu verbringen, würde sich nicht erfüllen.

Die zweite Möglichkeit, die man in einer solchen Situation hat, besteht darin, Verantwortung für sich selbst, für die eigenen Grenzen und Begrenzungen zu übernehmen und damit seinen bisherigen (destruktiven) Lebensstil infrage zu stellen.

Vielleicht haben Sie dies selbst schon versucht, ohne dass Ihr Exmann darauf eingegangen wäre. Auf seine neue Frau wartet dieselbe Einsamkeit, die Sie erlebt haben und die Ihre Tochter gerade erfährt, doch ist sie neu in einer fremden Kultur, und es wird vermutlich ein paar Jahre dauern, bis sie mit dem Fuß aufstampft, und so lange kann Ihre Tochter nicht warten.

Was Sie Ihrer Tochter anbieten können, sind Offenheit und Geduld (was Sie bereits tun) sowie die Anerkennung ihres Dilemmas in der Beziehung zu ihrem Vater. Eine Lösung muss sie selbst finden und selbst vorangehen, jedoch im Bewusstsein, dass Sie ihr jederzeit den Rücken stärken.

Hätte sie sich dafür entschieden, die Vorstellungen ihres Vaters zu erfüllen, wäre sie (im Verhältnis zu ihm) genauso einsam geworden, wie Sie es selbst viele Jahre lang während Ihrer Ehe waren, und hätte in der Folge eine einfühlsame, verständnisvolle Mutter noch nötiger, als sie es momentan ohnehin hat.

Der große Bruder hat sich das Leben genommen

»

Ich bin Mutter eines 16-jährigen Sohnes, der vor genau zwei Jahren seinen damals 17-jährigen Bruder durch Selbstmord verloren hat – ein großer Schock und ein Trauma für uns alle. Mein Mann und ich haben ihn gefunden, seinem jüngeren Bruder blieb dies Gott sei Dank erspart. Das Erste, was er sagte, als wir ihm erzählten, dass Jonas tot ist, war: »Und ich hab mich so mit ihm gestritten!« Ich glaube, dass er sich schuldig fühlt – wie wir alle. Wir haben ein paarmal mit ihm darüber geredet und ihm versichert, dass alle Geschwister sich streiten. Die meisten werden erst wieder Freunde, wenn sie erwachsen sind. Ich weiß nicht, ob er das annimmt, man kann es nur hoffen. Inzwischen sagt er, dass er nicht mehr darüber nachdenkt.

Die letzten beiden Jahre waren eine ungeheure Herausforderung für uns Eltern, was natürlich auch für andere (Freunde, Verwandte, Lehrer) gilt. In den ersten Wochen nach dem Tod seines Bruders sprach Tobias sowohl mit uns als auch mit seinen Freunden über seine Trauer. Doch im Laufe der Zeit kapselte er sich immer mehr ab, zog sich immer stärker zurück. Seitdem sitzt er ständig in seinem Zimmer und spielt Computerspiele. Wenn seine Freunde ihn treffen wollen, müssen sie zu ihm kommen. An und für sich ist das schon in Ordnung für uns, denn wir hatten immer ein »offenes Haus«. Konflikte entstehen erst dann, wenn wir ihn dazu überreden wollen, die Initiative gegenüber seinen Freunden zu ergreifen und wieder aktiver zu werden. Dann entgegnet er stets, dass es ja wohl besser ist, zu Hause zu sein, als sich irgendwo »volllaufen« zu lassen. Ich muss zugeben, dass es mir lieber wäre, er würde abends mal weggehen und ordentlich einen draufmachen, wie andere Jugendliche das auch tun.

Seine Freunde standen die ganze Zeit loyal an seiner Seite und haben ihn fantastisch unterstützt. Aber eines ist klar: Es sind 16-Jährige, die sich in jeder Hinsicht entwickeln wollen. Verglichen mit ihnen haben wir das Gefühl, dass Tobias in seiner Entwicklung zurückbleibt. Wir machen uns große Sorgen um ihn! Auch sein großer Bruder hatte viele gute Freunde, von denen er sich in seinen letzten Monaten immer mehr zurückgezogen hat. Jetzt haben wir schreckliche Angst, auch noch unseren zweiten Sohn durch Selbstmord zu verlieren – das würden wir nicht überstehen. Wir haben doch nur noch Tobias!

Er sagt von sich, dass er über die Trauer hinweg sei. Das hat er schon nach ein paar Monaten behauptet. Obwohl ich ihm nicht glaube, sage ich ihm, dass ich mich darüber freue. Könnte ich es nur glauben …

Nach dem Tod seines Bruders hat Tobias kräftig zugenommen (etwa 30 Kilo) und kauft sich häufig zuckerhaltige Limonaden (er glaubt, dass wir es nicht merken). Seit letzten Herbst gehen wir einmal im Monat zum Arzt und lassen ihn wiegen. Seitdem konnten wir zumindest diese Entwicklung bremsen. Zu uns sagt er, dass er alles einsieht, doch kann er es offenbar nicht bleiben lassen, sich bei jeder Gelegenheit Limonade zu kaufen. Ich glaube, dass er inzwischen regelrecht zuckersüchtig ist. Es ist ein ständiger Kampf. Nichts scheint ihm mehr wichtig zu sein, weder die Schule noch seine Freunde noch er sich selbst. Als wäre er nicht mehr in der Lage, sich zu irgendetwas aufzuraffen oder die geringste Unannehmlichkeit auszuhalten. Er tut mir unendlich leid, denn ich weiß ja genau, wie so etwas abläuft. Auch ich versuche, mir alles so angenehm wie möglich zu machen, weil ich keinen Schmerz und kein Unbehagen mehr ertragen kann. Wir haben ihm gesagt, dass wir ihm keinesfalls hinterherschnüffeln und ihn kontrollieren wollen. Wir können ihn ja auch nicht zur Schule begleiten, um zu sehen, was er dort isst und trinkt. Wir können ihm nur helfen, sich gesund zu ernähren. Aber einem 16-Jährigen helfen zu wollen, der sich nicht helfen lassen will, ist wie (entschuldigen Sie den Ausdruck) gegen den Wind zu pinkeln. Es ist eigentlich vollkommen nutzlos, und manchmal habe ich das Gefühl, dass Tobias das bisschen Lebensqualität, das ihm noch bleibt, mutwillig zerstören will. Als einzige Sanktionsmöglichkeit sehen wir nur ein Internetverbot, aber das wollen wir eigentlich nicht aussprechen. Wir glauben eher an positive Verstärkung, doch wenn alles nichts nützt, müssen wir es vielleicht mit einem Internetverbot versuchen. Wir haben ihm schon gesagt, dass wir uns so etwas nicht wünschen, aber irgendwann auch Konsequenzen ziehen müssen, damit er merkt, dass wir es ernst meinen.

Nachdem wir Jonas verloren hatten, wurde Tobias plötzlich zum Einzelkind. Auf einmal wollte er seine häuslichen Pflichten nicht mehr übernehmen. Er brachte den Müll nicht mehr raus, leerte die Waschmaschine nicht mehr und holte auch keine Post mehr rein. Und natürlich war es ihm wichtig, dass er nicht zusätzlich die Pflichten seines Bruders übernehmen musste. Wir ließen ihn wohl zu lange gewähren, weil auch er ja seine Trauer verarbeiten musste. Jetzt ist es sehr schwierig, wieder zu den alten Gewohnheiten zurückzukehren. Selbst um die kleinsten Dinge müssen wir ihn mehrfach bitten. Obwohl es oft einfacher ist, die Dinge selbst zu erledigen, als sich auf diesen Kampf einzulassen, versuchen wir ihn dazu zu bringen, seinen Pflichten nachzukommen. Andererseits wollen wir ihn keinesfalls zu sehr unter Druck setzen, aus Angst, er könnte sich etwas antun.

Während des gesamten Trauerprozesses haben wir versucht, alle zusätzlichen Belastungen von ihm fernzuhalten. Auch hat er uns nur selten um Jonas weinen sehen. Im ersten Jahr haben wir einige wenige Male mit ihm über seinen Bruder gesprochen und ihn quasi in Geschichten eingebunden, die zu Jonas' Lebzeiten geschehen sind. Im

Gespräch mit einem Psychologen sagte Tobias: »Ich finde, ihr redet viel zu viel über Jonas.« Ich habe geantwortet: »Jonas hat mit uns zusammengelebt, und auch wenn er tot ist, wird er immer ein Teil unserer Familie sein. Er ist unser Sohn und dein Bruder, damit musst du auch weiterhin leben.« Manchmal frage ich mich, ob wir ihn aus Angst, ihm unsere Trauer aufzubürden, zu sehr geschont haben. Im letzten halben Jahr hat er damit begonnen, Jonas hin und wieder zu erwähnen, von gemeinsamen Erlebnissen oder Gesprächen zu erzählen. Wir arbeiten hart daran, dass er sich nicht als die Nummer zwei fühlt, was sehr wichtig für uns ist!

Mein Mann und ich haben uns niemals vor den Kindern gestritten. Wir wollten sie nicht verunsichern, indem wir sie in unsere Auseinandersetzungen hineinziehen. Natürlich hat es einige Diskussionen gegeben, doch richtig laut geworden ist es dabei nie. Jetzt frage ich mich, ob das womöglich die falsche Strategie war. Vielleicht sollte das Familienleben das Leben selbst widerspiegeln. Oder haben wir dadurch verhindert, dass er mit Widerständen im Leben zurechtkommt?

Vor einem knappen Jahr hatten Tobias und ich einen heftigen Streit. Da mein Mann auf der Nordsee arbeitet, bin ich mit Tobias immer wieder zwei Wochen am Stück allein. Lange Zeit war es extrem schwierig, ihn morgens aus dem Bett zu kriegen, obwohl wir das Internet um zehn Uhr abends und an den Wochenenden um ein Uhr mittags abgeschaltet haben. Jeden Tag ist er spät zur Schule gekommen. Als ich eines Tages das fünfte Mal rufen musste, dass er endlich aufstehen soll, ist das Fass bei mir übergelaufen. Seit zwei Wochen ging das jeden Morgen so, und ich spürte, dass ich dazu keine Kraft mehr hatte. Also schrie ich ihn an: »Was ist denn mit dir los, Herrgott? Warum kannst du nicht ein Mal aufstehen, ohne dass ich dich aus dem Bett zerren muss?« Daraus entstand ein heftiger Streit, in dessen Verlauf er mich »verdammte Hexe« nannte, was er nie zuvor und auch später nicht mehr getan hat. »Hör dich doch selbst!«, rief er. »Hör dich doch selbst. Es ist deine Schuld, dass Jonas sich aufgehängt hat, so wie du dich immer aufführst!« Tränen liefen ihm übers Gesicht, was ich seit fast einem Jahr nicht mehr gesehen hatte. Er war völlig außer sich. Ich sagte zu ihm (und meinte es damals absolut ernst), dass er ausziehen müsse, wenn er nicht mit uns zusammenarbeiten wolle, denn das wäre die einzige Möglichkeit, ihn und uns selbst zu retten. Ich spürte, dass ich allmählich zugrunde ging, dass er uns immer mehr entglitt und wir Gefahr liefen, ihn endgültig zu verlieren. Doch seit diesem Streit trat eine gewisse Veränderung ein, und wir näherten uns langsam, aber sicher wieder einander an. Inzwischen habe ich das Gefühl, meinen alten Tobias wiederzuhaben. Manchmal kommt er zu mir, nimmt mich in den Arm und sagt, dass er mich lieb hat.

Eine traurige, aber hoffnungsvolle Mutter

Antwort von Jesper Juul:

Wie Sie sehen, musste ich Ihren Brief etwa um die Hälfte kürzen, sonst hätte er hier den Rahmen gesprengt. Ihr letzter Absatz enthält schon die Antwort auf viele Ihrer Fragen:

Ja, es ist sehr viel besser, auch heftige Gefühle zum Ausdruck zu bringen, als ständig Rücksicht zu nehmen. Das gilt für Trauer und Wut ebenso wie für Ihre persönlichen Grenzen.

Es ist besser für Sie selbst und für die Beziehung zu Ihrem Sohn, dem Sie darüber hinaus ein besseres Vorbild sind und den Sie lange genug beschützt haben.

Wenn ein 16-Jähriger einen solchen Verlust erlebt, wird er oft schlagartig erwachsen – jedenfalls in der Hinsicht, dass er sich von seinen Eltern abnabelt und Dinge auf seine eigene Weise erledigt. Im Gegensatz zu vielen anderen Kindern hat er bei Ihnen die Sicherheit, Hilfe und Unterstützung in Anspruch nehmen zu können, von der er auch bisher schon profitiert hat, allerdings auf indirekte Weise.

Die Trauer eines Bruders unterscheidet sich in mancher Hinsicht von der seiner Eltern, und sein Rückzug ist ein Ausdruck gesunder Anerkennung dieses Umstands.

Sein weiterer Lebensweg wird zeigen, ob zusätzliche Begleitung nötig ist. Vorläufig kann er sich glücklich schätzen, Teil einer Familie zu sein, die sich in ihrem Gefühlsleben nicht von rigiden Vorschriften und Vorurteilen leiten lässt und sogar allmählich sein Bedürfnis erkennt, mehr Verantwortung für sein eigenes Leben zu übernehmen. Sie dürfen nur nicht von ihm erwarten, dass er diese Verantwortung auf eine Art und Weise übernimmt, die seine Eltern für die beste halten, sondern müssen ihn auf dem Weg, für den er sich entscheidet, begleiten.

Authentizität

… oder das neue Rollenverhalten der Eltern auf dem Weg zu echter Beziehung zu »ihren« Jugendlichen

Bei sich sein, wieder zu sich kommen

Als Eltern erleiden wir einen spürbaren Verlust, wenn die Kinder in die Pubertät kommen. Wir verlieren einen großen Teil der Nähe, die wir früher zu ihnen hatten. Wir verlieren ihre eindeutige Bewunderung. Wir verlieren einen Teil unserer Kontrolle – und den Großteil unserer Macht. Gleichzeitig müssen wir die Rolle im Verhältnis zu unseren Kindern wechseln. Während wir zuvor mit dem Kind gemeinsam aktiv waren, werden wir uns nun in eine eher unterstützende und beobachtende Position zurückziehen. Die Kinder brauchen uns nicht mehr als beständig aktive Mitspieler (dieser Platz wird allmählich von Freunden und anderen Erwachsenen übernommen), sondern mehr als Sicherheitsnetz und »Sparringspartner«.

Für viele Eltern ist es unglaublich schwierig, mit diesem Verlust und dem Rollenwechsel umzugehen. Der Schmerz über den Verlust und die Verwirrung über den Rollenwechsel verursachen einen permanenten Spannungszustand, eine Art »Alarmbereitschaft«, in der die Fürsorge oft der andauernden Beunruhigung weicht. Es ist deswegen notwendig, dass die Erwachsenen in diesen Jahren viel miteinander sprechen und einander dabei helfen, den Verlust aufzuarbeiten und die Grenzen für die neue Elternrolle abzustecken. Viele Erwachsene sprechen während dieser Periode häufig miteinander, aber leider sprechen sie oft nur über das Kind und nicht über sich selbst und übereinander. Dabei entsteht die Art von Diskussion über den Sohn oder die Tochter oder auch allgemein über Teenager, die beinahe so klingt, als werde ein Aktionsplan für weiteres pädagogisches Vorgehen entwickelt. Es fehlen dabei die richtige Einschätzung der eigenen Rolle bei diesem Umwandlungsprozess und die gegenüber dem Kind nötige Empathie für seine veränderte Haltung.

Viele Eltern kümmern sich auch nicht darum, dass sie nun das Resultat erleben, zu dem ihre Erziehung und ihr Zusammensein mit dem Kind geführt haben, und sind deswegen geneigt, entweder dem Kind die gesamte Verantwortung zu übertragen, oder sie quälen sich selbst mit Schuldgefühlen. Aber das, was bisher im Entwicklungsprozess zwischen Eltern und Kindern vor sich ging, kann nicht ungeschehen gemacht werden. Wir haben es so gut wir konnten gemacht, und dafür müssen wir die Verantwortung übernehmen. Auch eine letzte, manische Erziehungsphase nützt jetzt nichts. Wenn Teenager in diesem Alter sind, ist es zu spät, sie zu erziehen, sie umzupolen, ihnen ein anderes Fundament zu geben. Es ist dagegen immer möglich, sich selbst zu ändern. Es bedarf dazu der Bereitschaft, Neues zu lernen und sich selbst und das Zusammenleben von den Kindern hier inspirieren zu lassen.

Der Mensch hat eine innere Sehnsucht nach Regeln. Als ich Kind war, hat es noch annähernd funktioniert, das Einhalten von festen Regeln als Erziehungsziel zu betrachten, weil es damals noch erlaubt war, Gewalt in der Erziehung einzusetzen. Gewalt ist das einzige Mittel, um Regeln durchzusetzen. Aber Gewalt zerstört Authentizität und vieles mehr. Deshalb plädiere ich für Dialog. Das bedeutet nicht endloses Reden, Diskutieren oder Verhandeln, sondern es bedeutet einfach: Hier bin ich, hier bist du. Ich bin dazu bereit, deine Wünsche und Bedürfnisse ernst zu nehmen, und erst dann werde ich entscheiden. Das ist neu – diesen Versuch des gegenseitigen Umgangs haben wir noch nie gemacht. Kinder werden durch das Verhalten ihrer Eltern erzogen. Wie diese ihren Alltag gestalten, wie sie sich zu ihren Mitmenschen verhalten, wie sie Trauer oder Freude, Ärger oder Begeisterung zeigen, das wirkt auf ihre Kinder. Darin sind sie authentisch, und Authentizität »erzieht« wirklich, gewollte Erziehung erzieht hingegen kaum.

Den Eltern Grenzen setzen

“

Hallo! Ich bin 16 Jahre alt. Eine gute Freundin von mir, die heute 17 ist, erlebte vor eineinhalb Jahren die Scheidung ihrer Eltern. Es war ein Schock für die ganze Familie. Alles war dort immer so perfekt gewesen, und alle hatten glücklich ausgesehen. Der Vater zog von einem auf den anderen Tag aus, die Mutter war am Boden zerstört. Meine Freundin hat eine schwierige Zeit durchgemacht mit Umzug und allen möglichen Dingen. In dieser Zeit ging es ihr gar nicht gut. Doch nach einem halben Jahr wurde es langsam besser. Die Eltern sprachen zwar immer noch nicht miteinander, waren aber nicht mehr so wütend wie vorher.
Aber dann erzählte der Vater nach neun Monaten, dass er eine neue Freundin hat. Seitdem ist alles noch schlimmer geworden. Meine Freundin und ihre Geschwister sagen, dass sie noch keine neue Familie haben wollen, und meine Freundin hat sich viel mit ihrem Vater gestritten. Ihre Eltern reden jetzt überhaupt nicht mehr miteinander. Nun ist ein weiteres halbes Jahr vergangen, und meine Freundin hat die Freundin ihres Vaters immer noch nicht getroffen. Sie will es einfach nicht. Die Freundin ihres Vaters hat inzwischen alle seine Freunde und die ganze übrige Familie kennengelernt, und jetzt hat der Vater gesagt, dass seine Tochter und ihre Geschwister seine Freundin in den nächsten Wochen unbedingt kennenlernen müssten.

Das größte Problem ist aber, dass die Eltern nicht miteinander reden. Sie reden nur über ihre Kinder »miteinander«. Sie haben versucht, sich E-Mails zu schreiben, was nicht geklappt hat. Telefonieren klappt auch nicht, und mit dem Anwalt, den sie sich genommen haben, hat es auch nicht geklappt, weil beide dem Anwalt vorgeworfen haben, parteiisch zu sein. Meine Freundin hat ihren Eltern eine Million Mal gesagt, dass sie keine Lust hat, ihre Botschaften an den anderen zu überbringen, aber sie hören einfach nicht damit auf. Was soll sie nur tun, um ihre Eltern zu erreichen? Und was sollen die Eltern tun?

Eine Freundin, die gerne helfen würde

Antwort von Jesper Juul:

Das ist eine sehr unangenehme und schmerzliche Situation, in der deine Freundin gelandet ist. Du schreibst, dass deine Freundin und ihre Geschwister »eine Million Mal« versucht haben, ihren Eltern beizubringen, nicht mittels ihrer Kinder zu kommunizieren, ohne dass dies etwas gebracht hätte. Interessanterweise äußern Eltern sich oft ganz ähnlich, wenn sie das Gefühl haben, nicht mehr zu ihren Kindern durchzudringen. Solchen Eltern empfehle ich meistens, »sich zu besinnen«, also genau darüber nachzudenken, bis sie die authentischen Worte gefunden haben, die ihre Wünsche, Bedürfnisse und ihren Schmerz zum Ausdruck bringen. Dasselbe möchte ich deiner Freundin vorschlagen.

Ich vermute, dass ihre vielen Versuche fehlschlugen, weil beide Eltern nicht in der Lage sind, die Bedürfnisse ihrer Tochter zu berücksichtigen, und sie erst dann etwas gesagt hat, als alles schon so weit fortgeschritten war, dass sie sich wütend, frustriert und hilflos fühlte. Man könnte natürlich erwarten, dass ihre Eltern sie ernst nehmen und ihre Bedürfnisse berücksichtigen, aber dazu sind sie offenbar nicht in der Lage, also muss deine Freundin lernen, dies selbst zu tun. Das bedeutet unter anderem, dass sie jetzt schnell erwachsen werden und lernen muss, allein zurechtzukommen. Das wird sich bei künftigen Liebesbeziehungen übrigens noch als nützlich erweisen und ist kein allzu großes Unglück.

Als Kinder lernen wir aus dem Verhalten unserer Eltern. Und zwar lernen wir aus ihren Fehlern mehr als aus dem, was positiv ist.

Ich möchte deiner Freundin vorschlagen, etwa folgenden Brief an ihre Eltern zu schreiben:

»Die letzten Monate waren in vieler Hinsicht die Hölle für mich. Weil ihr immer liebevolle und gute Eltern wart, bin ich davon ausgegangen, dass ihr auch dann weiterhin für mich sorgt, wenn ihr selbst in Schwierigkeiten geratet. Doch in der letzten Zeit habe ich gelernt, dass ihr dazu nicht in der Lage seid. Ihr habt einfach zu viel mit euren eigenen Gefühlen und Veränderungen zu tun, um meine Gefühle und Grenzen akzeptieren zu können. Ich bin also nicht mehr euer Kind, dem ihr eine bestimmte Rolle zuweisen zu dürfen glaubt, doch ich bleibe eure Tochter, und als eure Tochter möchte ich euch Folgendes sagen:

Ich werde mich nicht mehr damit abfinden, dass ihr mich gegenseitig als euer Sprachrohr missbraucht. Wenn ihr das noch einmal versucht, werde ich mich einfach umdrehen und woanders hingehen. Das ist der einzige Weg, um mich selbst zu schützen. Ich liebe euch beide, das heißt aber nicht, dass ich mich durch euer unreifes Verhalten instrumentalisieren lasse – obwohl ich die Gründe dafür zum Teil verstehe. Ihr könnt das natürlich als Abweisung betrachten, aber das ist es nicht. Als eure Tochter versuche ich nur, mich selbst zu schützen und ein gutes Verhältnis zu euch zu bewahren.

Dir, Papa, will ich sagen, dass ich deine Freundin dann kennenlernen möchte, wann ICH es will. Durch dein Verhalten im letzten halben Jahr hast du jedes Recht verloren, über mich zu bestimmen, und ich bin nicht bereit, dein Glück zu teilen, solange du mein Unglück nicht teilst. Früher habe ich geglaubt, dass du ein Superpapa bist und alles kannst. Jetzt habe ich gelernt, dass auch du deine Begrenzungen hast, zu denen ich Stellung beziehen muss.

Ich möchte, dass ihr beide darüber nachdenkt, was ich geschrieben habe, und mir eine schriftliche Antwort gebt, in der es nicht um euer persönliches Glück oder Unglück geht, sondern um euer Verhältnis zu mir und wie das in Zukunft aussehen soll.«

Wenn sich deine Freundin in diesen Worten wiedererkennt, sollte sie den Brief an ihre Eltern ungefähr so formulieren. Sie braucht weder ihre eigenen Gefühle zu beschreiben noch an das Gewissen ihrer Eltern zu appellieren. Sie muss ihnen nur klarmachen, wo sie steht und was sie sich von dem zukünftigen Verhältnis zu ihren Eltern erwartet. Denn sie hat ebenso das Recht, dieses Verhältnis zu definieren, wie ihre Eltern.

Ich weiß natürlich nicht, was ihre Eltern zu tun bereit sind, um die Situation zu verbessern. Ihr Vater ist aufgrund seines neuen Glücks mit sich selbst beschäftigt und ihre Mutter aufgrund ihres Unglücks. Es werden vermutlich ein paar Jahre vergehen, bis beide in der Lage sind, sich zueinander und zu ihren gemeinsamen Kindern anständig zu verhalten. Darum ist es so wichtig, dass deine Freundin sich jetzt als Erwachsene begreift. Tut sie das nicht, wird sie zum Opfer der Scheidung ihrer Eltern und riskiert, auch all das Gute zu verlieren, das sie ihr gegeben haben.

Sie braucht ein neues, tragfähiges Netzwerk, zu dem hoffentlich auch du gehören wirst. Das Leben als Erwachsener kann sehr einsam sein, doch ist das nur dann ein Problem, wenn man auch wirklich allein ist. Sprich mit ihr über ihre Kindheit, hilf ihr, sich von ihrem gegenwärtigen Leben zu verabschieden, und halte ihre Hand, wenn das Leben als Erwachsene ihr Angst macht.

Kinder – und ihre Eltern – bedürfen der Führung!

Ich habe vor einiger Zeit an einer Veranstaltung teilgenommen, bei der auch zahlreiche Familientherapeuten, Hirnforscher sowie Vertreter von Schulen und Medien anwesend waren, und es war höchst interessant, den verschiedenen Themen und Problemstellungen zu lauschen, über die diskutiert wurde.

Die Medien gehen ja meist folgendermaßen vor: Sie greifen bestimmte Themen auf in der Hoffnung, dass die richtige Analyse automatisch zu Lösungen führt. Ganz gleich ob es sich um Jugendliche und Alkohol, Jugendliche und Drogen, Jugendliche und Gambling (das neueste Trendthema!), Ritzungen, Essstörungen, Schulverweigerung, Übergewicht, Suizidgefahr oder andere ernste psychische Probleme handelt, die Experten – und mit ihnen die Medien – gehen davon aus, dass man ein Problem nur richtig definieren muss, um eine Lösung zu finden. Und es geht nicht nur darum, eine Lösung zu finden, sondern – noch besser – darum, diesem Problem in Zukunft vorzubeugen!

Der Irrtum besteht bei dieser Annahme vor allem darin, dass ihre innere Logik eine Illusion ist. Wir können uns diesen sogenannten Problemen oder Phänomenen analytisch, intellektuell, politisch oder juristisch nähern. Wir können aufklären, warnen, verbieten und bestrafen, ohne dass eine spürbare Änderung eintritt – es verschafft uns allenfalls das Gefühl, etwas getan zu haben. Wir haben Stellung bezogen und glauben, auf diese Weise gehandelt zu haben. Unser Gewissen ist beruhigt.

Zurück bleiben die Eltern, deren Kinder zu viel trinken, an Depressionen leiden, von den Möglichkeiten und Angeboten des Internets süchtig werden oder andere besorgniserregende Symptome zeigen. Betroffen sind vor allem die Eltern kleiner Kinder, die Angst vor den vielen Gefahren haben, die gleich um die nächste Ecke lauern. Was sollen sie tun, um eine Katastrophe zu vermeiden?

Wenn diese Frage auftaucht, werden die meisten Teilnehmer solcher Veranstaltungen ein wenig unsicher. Es kommt Unruhe auf, und man murmelt seinem Nachbarn etwas zu, bis jemand das erlösende Wort »Erziehung« ausspricht, worauf sich alle entspannen und damit beginnen, an das kalte Buffet zu denken.

Auf der Veranstaltung, die ich kürzlich erlebt habe, ergriff eine beim Fernsehen angestellte Programmdirektorin das Wort: »Ich habe drei Kinder im Alter von zwei, sechs und zwölf Jahren, und auch ich würde gern erfahren, was man zum Schutz meiner Kinder eigentlich von mir erwartet.«

»Welche Kompetenzen sollte ich haben, über die weder Lehrer und Pädagogen noch Ärzte und Therapeuten verfügen?«

Mit diesem Beitrag brachte die Frau einen guten Schuss Realität in den theoretischen Diskurs, was den ansonsten sehr tüchtigen Moderator ein wenig verunsicherte. Was sollte er mit dieser persönlichen Wortmeldung anfangen? So schaute er zu den versammelten Familientherapeuten hinüber und forderte sie auf, die Frage der Frau doch bitte zu beantworten.

Ich sagte daraufhin, ich könne ihr zwei Möglichkeiten anbieten: entweder eine persönliche Antwort, die allerdings erfordere, dass ich zunächst ein paar nähere Informationen zu ihrer Familie erhalte, oder eine allgemeine Antwort. Leider entschied sie sich für Letztere. Leider, weil allgemeine Antworten, da ihnen ein konkreter Bezug fehlt, oft langweilig sind. Aus verschiedenen Gründen entschied ich mich dafür, etwas über die Führungsrolle der Erwachsenen zu sagen, was sich lohnte, weil dies zu einer Art Dialog mit der Frau führte.

Ich wies zunächst darauf hin, dass – unabhängig davon, welcher Philosophie man anhängt – völlige Einigkeit darin bestehe, dass Kinder der Führung durch Erwachsene bedürfen, wenn sie sich in jeder Hinsicht optimal entwickeln sollen. Ein Teilnehmer widersprach und nannte die Summerhill-Schule als Gegenbeispiel und Ausnahme in der pädagogischen Welt. Aber das ist nicht der Fall. An dieser berühmten englischen Schule sind alle Schüler dazu *verpflichtet*, sich frei zu entscheiden, womit sie sich am jeweiligen Tag beschäftigen und was sie lernen wollen. Dies ist eine absolute Reglementierung, die den Schülern nicht die geringste Möglichkeit lässt, sich individuell der Führung eines Erwachsenen anzuvertrauen.

Beim Leben in der Familie geht es nicht nur um die Bedürfnisse der Kinder, sondern mindestens ebenso darum, was die Erwachsenen brauchen, um sich wohlzufühlen und ihre Führungsaufgabe wahrnehmen zu können.

Das aktive und bewusste Ausfüllen dieser Führungsrolle ist für die Qualität der Beziehung zwischen Eltern und Kindern von entscheidender Bedeutung.

Die Mutter gab daraufhin folgenden Kommentar ab: »In meinem Beruf habe ich eine Führungsrolle inne, die mir selten Probleme bereitet, doch zu Hause mit meinen drei Jungs klappt das fast nie. Da verstricke ich mich nur in einen ewigen Machtkampf, den ich jeden Tag verliere. Ihr Vater erlebt das übrigens ganz genauso. Ein paar Jahre lang haben wir es beim Ältesten mit Lob und Belohnung versucht, doch inzwischen fordert er so kostspielige Belohnungen ein, dass wir dem nicht mehr nachkommen können. Was für eine Strategie oder Methode sollen wir jetzt wählen?«

Diese Frau trat in ihrer Eigenschaft als Konferenzteilnehmerin mit großer Autorität auf, und genauso verhielt sie sich offenbar in ihrer Rolle als Teamleiterin. Direkt darauf angesprochen, räumte sie ein, dass es ihr im Privatleben – ohne offiziellen Status – wohl an persönlicher Autorität fehle. »Meine privaten Beziehungen sind ungleich komplizierter«, fuhr sie fort. »Ich lasse mich viel zu leicht manipulieren und sowohl von meinen Familienmitgliedern wie auch von meinen Freundinnen ausnutzen. Ich will einfach gemocht werden, deshalb bin ich immer viel zu nett.«

Mit dieser Beschreibung erklärte sie sozusagen ihren Beitritt zum riesigen Klub moderner europäischer Eltern (und Fachleute), die Tag für Tag darum kämpfen müssen, ihrer Führungsrolle einigermaßen gerecht zu werden, weil ihnen ihre rollenbedingte Autorität abhandengekommen ist.

Aus diesem Dilemma gibt es nur zwei Auswege. Entweder erlaubt man den Eltern erneut, zu längst überholten Erziehungsmethoden zurückzukehren und ihre Kinder körperlich zu züchtigen, oder die Erwachsenen entwickeln eine *persönliche* Autorität, um die überkommene Rollenautorität zu ersetzen.

Es gibt keinen Zweifel, was Kinder bevorzugen, und die nächsten zehn Jahre werden erweisen, für welchen Weg sich die Erwachsenen entscheiden – nach vorn oder zurück? (Eine optimistische Schätzung geht davon aus, dass 50 Prozent aller europäischen Eltern gelegentlich zu Gewalt in der Erziehung greifen. Diese Zahl ist in den letzten 25 Jahren unverändert geblieben, mit dem wesentlichen Unterschied, dass es immer mehr mit schlechtem Gewissen tun und immer weniger daran glauben, dass Gewalt ihren Kindern guttut.)

Ich werde in meiner nächsten Kolumne (siehe Seite 97) näher darauf eingehen, was »persönliche Autorität« bedeutet und wie man sie entwickelt. Ich will an dieser Stelle nur darauf aufmerksam machen, dass die hier erwähnte Mutter und ihre vielen Leidensgenossen beiderlei Geschlechts aus verständlichen Gründen, für die sie keine Schuld tragen, in diesem Dilemma stecken.

Sie alle sind in Familien, Kindergärten und Schulen aufgewachsen, die sich im Großen und Ganzen nicht dafür interessierten, »wer« sie wirklich waren, welche individuellen Persönlichkeiten in ihnen stecken. Das machte es ihnen unmöglich, auch nur ein Minimum an Selbstgefühl zu entwickeln, welches die Grundlage für den Aufbau persönlicher Autorität ist. Sie sind in einer Zeit aufgewachsen, in der das Ideal galt, fleißig, nett und selbstaufopfernd zu sein – also selbstverleugnend bis zur Selbstzerstörung.

Die Alternative bestand darin, als »egozentrisch«, »selbstbezogen« und »asozial« zu gelten, sich also automatisch zum Außenseiter zu machen. Sie haben gelernt, dass ihr Wert als Mensch danach bemessen wurde, wie sehr sie sich dem Willen anderer unterordneten und eigene Bedürfnisse verleugneten. Sie haben gelernt, dass ihr Wert sich nicht an ihrer individuellen Persönlichkeit orientierte, sondern an der Rolle, die ihnen zugeteilt wurde. Was im Prinzip für beide Geschlechter gilt, doch Männer verbergen dies oft besser und länger als Frauen.

Wir haben uns damit abgefunden und willig untergeordnet, weil wir unsere Eltern geliebt und ihnen vertraut haben.

Jetzt sind wir mit Kindern und Jugendlichen konfrontiert, die von uns verlangen, authentisch zu sein, ehe sie sich trauen, an unsere Liebe zu ihnen zu glauben, und ehe sie uns ihren Respekt und ihr Vertrauen schenken.

Über das Leben lässt sich vieles sagen, doch ist es – zumindest in dieser Hinsicht – weder logisch noch gerecht!

Persönliche Autorität

In gewisser Weise kommen wir bereits mit jeder Menge persönlicher Autorität auf die Welt. Von Geburt an bringen wir mit großer Selbstverständlichkeit unsere Wünsche, Bedürfnisse und Grenzen zum Ausdruck, und sobald wir etwa vier Monate alt sind, auch unsere Sympathien und Antipathien. Erst später lernen wir, uns selbst infrage zu stellen, ein schlechtes Gewissen wegen unserer Wünsche und Bedürfnisse zu haben oder auch Schuldgefühle wegen unserer Antipathien zu empfinden. Das stimmt natürlich nicht ganz, denn wir tun nur das, was uns in die Wiege gelegt ist. Doch diese Fähigkeit kann uns rasch abhandenkommen, je nachdem, wie sich unsere Eltern uns gegenüber verhalten.

In meiner letzten Kolumne »Kinder – und ihre Eltern – bedürfen der Führung!« (siehe Seite 92) habe ich erwähnt, dass zum Aufbau von persönlicher Autorität wenigstens ein Minimum an Selbstgefühl nötig ist. Deswegen möchte ich an dieser Stelle eine Definition von Selbstgefühl nachliefern:

Selbstgefühl besteht aus zwei Komponenten. Erstens: Wie gut kenne ich mich selbst? Zweitens: Wie verhalte ich mich emotional und moralisch zu dem, was ich über mich weiß?

Die erste Komponente bedeutet: Wie gut kenne ich mein Verhalten, meine Gefühle, meine Wertvorstellungen und meine persönlichen Grenzen? Diese Komponente entwickelt sich ein Leben lang – nur das Tempo der Entwicklung hängt davon ab, wie sich meine Umgebung mir gegenüber verhält.

Die zweite Komponente ist vollkommen davon abhängig, wie sich meine Eltern und andere für mich wichtige, erwachsene Bezugspersonen mir gegenüber verhalten.

Kinder kooperieren in vollem Vertrauen darauf, von ihren Eltern geliebt zu werden, und übernehmen deren Haltung zu ihnen, ganz gleich ob diese von Anerkennung – was das Optimale wäre –, Lob und Tadel, Moralisierung, Verdammung oder gar physischer und psychischer Gewalt geprägt ist.

Ein gesundes Selbstgefühl erkennt man daran, dass man ein nüchternes, differenziertes und bejahendes Verhältnis zu sich selbst hat – mit allen Vor- und Nachteilen.

Anders ausgedrückt: Es ist das Gefühl, dass man ebenso berechtigt ist, hier auf Erden zu sein, wie alle anderen Menschen auch.

Zur Geschichte der Erziehung gehört es, dass die allermeisten Menschen über 30 ein sehr geringes Selbstgefühl haben, womit ein mangelnder Selbstrespekt sowie eine unzureichende Fähigkeit, sich selbst ernst zu nehmen, einhergehen.

Unter dieser Voraussetzung ist es natürlich schwierig, von anderen Menschen respektiert und ernst genommen zu werden. Daher war die damalige Rollenverteilung ein wichtiger Ausgleich, zu dem auch das »Recht« gehörte, andere (Kinder wie Erwachsene) zu bestrafen und zu demütigen, die weniger bedeutungsvolle (machtvolle) Rollen innehatten. In Familie und Gesellschaft wurde dies als selbstverständliches Element der damaligen patriarchalischen Machtstruktur betrachtet, der sowohl die Frauen als auch die Kinder zum Opfer fielen. Beide sollten möglichst »gesehen, aber nicht gehört« werden. Dies ist einer der Gründe, warum Frauen und Mütter immer noch große Schwierigkeiten haben, sich selbst ernst zu nehmen – vor allem in Liebesbeziehungen –, obwohl sie in vielen Familien längst die Macht übernommen haben.

Ein Beispiel: Als ich vor einiger Zeit einen Vortrag in Österreich hielt, machte eine Mutter folgende Aussage:

»Ich habe drei Kinder – eine 8-jährige Tochter und zwei Söhne von 12 und 14 Jahren –, die permanent um meine Aufmerksamkeit konkurrieren und sich schlagen. Mein Mann ist beruflich viel auf Reisen, ich selbst habe einen Halbtagsjob und fühle mich inzwischen total ausgelaugt. Wie kann ich meine Kinder dazu bringen, mich hin und wieder in Ruhe zu lassen, damit ich zwischendurch ein wenig Atem schöpfen kann?«

Ich antwortete ihr, dass sie anfangen müsse, sich selbst ernst zu nehmen, inklusive ihrer persönlichen Bedürfnisse, Grenzen und Begrenzungen. Sie schüttelte verständnislos den Kopf, während ihre Freundin, die neben ihr saß, eifrig nickte. Die Mutter fragte mich, was ich ihr vorschlüge, und bekam von mir folgende Antwort:

»Wenn Sie heute Abend nach Hause kommen, wird es ungefähr 23 Uhr sein. Wecken Sie Ihre Kinder und bitten Sie sie, ins Wohnzimmer zu kommen. Wenn alle dort versammelt sind, dann sehen Sie ihnen in die Augen und sagen: ›Meine Liebe gehört *mir*, und die verteile ich, wie *ich* es will! Meine Aufmerksamkeit gehört *mir*, und die verteile ich, wie *ich* es will. Auch meine Energie gehört *mir*, und die verwende ich, wie *ich* es will! Gute Nacht und schlaft gut!‹«

Obwohl ihr meine Antwort zutiefst einleuchtete, war sie empört. Habe sie das Recht, ihre Kinder aufzuwecken? Was wäre, wenn sie sich abgewiesen fühlen? Wenn sie ihre Mutter hassen? Darf man überhaupt so egoistisch sein?

Ich wusste, dass ich mich gegen die Unterdrückung und Selbstunterdrückung mehrerer Generationen von Müttern wandte. Gegen ihr völlig schiefes Verständnis davon, was Liebe ist. Daher blieb mir nichts anderes übrig, als sie aufzufordern, meinen Vorschlag zu überdenken. Zwei Wochen später erhielt ich eine Mail mit folgendem Wortlaut:

»Ich wusste, dass Ihr Vorschlag richtig war, doch habe ich eine ganze Woche gebraucht, ehe ich mir ein Herz nahm. Ich habe meine Kinder nicht geweckt, sondern sie, ehe der Jüngste ins Bett ging, um mich versammelt und ihnen das gesagt, was Sie vorgeschlagen haben. Zunächst war es ganz still, dann kam der Älteste und umarmte mich lange. Dann kamen auch die beiden anderen und taten dasselbe, und zu meiner großen Überraschung waren alle glücklich und erleichtert. Seit diesem Moment sind sie mir gegenüber sehr viel rücksichtsvoller und lassen mir jeden Nachmittag auch noch eine halbe Stunde Zeit, um zu lesen.«

Eine Mutter, die darunter leidet, dass ihr »Laden« 24 Stunden am Tag geöffnet hat, ist nicht glaubwürdig

Die Frau hatte sich selbst in eine veraltete Rolle begeben, an der niemand Freude hat. Nun ist sie in der Lage, sich selbst kennenzulernen, und gibt ihren Kindern dieselbe Möglichkeit. Nun kann sie »Charakter zeigen«, und tut sie das nicht, werden ihre Kinder sie dazu drängen. Viele von uns müssen im Verhältnis zu ihren Kindern, Partnern, Freunden und Eltern ähnliche Krisen durchmachen, oder wir müssen erleben, dass unser Job uns auslaugt, ehe wir den Mut aufbringen, in uns hineinzuhorchen, um herauszufinden, was wirklich wichtig ist. Wenn wir jedoch diesen Weg beschreiten, verändert sich unsere Ausstrahlung zum Positiven, und andere Menschen ändern plötzlich ihr Verhalten uns gegenüber. Jetzt, da das Erdgeschoss der persönlichen Autorität fertiggestellt ist, lassen sich die anderen Stockwerke sehr viel schmerzfreier und mit weniger moralischen Skrupeln errichten.

Ich habe diesen Prozess bei unzähligen Eltern, Lehrern, Pädagogen und Therapeuten miterlebt, die sich selbst als Opfer dominierender Kinder, fordernder Eltern, kränkender Kollegen oder kontrollierender Mütter betrachteten.

Unsere eigenen Kinder sind stets die Ersten, die uns dazu herausfordern, uns wirklich ernst zu nehmen. Das ist ihr eigentliches Geschenk an so viele von uns, die nie anerkannt wurden; die nie gelernt haben, Nein zu sagen, und sich stattdessen hinter ihrer Rolle versteckten. Statt uns zu lehren, wir selbst zu sein, statt uns ernst zu nehmen, wurden Nähe und Kontakt geopfert, um die Rolle der Macht zu bewahren.

Wir müssen weder perfekt noch besonders talentiert sein, um unserer eigenen Existenz gerecht zu werden – wir müssen nur wir selbst sein. Das ist es, was unsere Kinder – und andere – uns mitteilen wollen, wenn wir sie als unerträglich, irritierend und provozierend empfinden. »Wir haben dein Schauspiel satt«, wollen sie uns sagen. »Wir wollen deine echte Persönlichkeit!«

Niemand soll sich damit abfinden, gekränkt zu werden – auch nicht von den eigenen Kindern –, aber die Vorstellung, sie davon abzubringen, ohne dass wir Eltern uns zur gleichen Zeit persönlich weiterentwickeln, ist eine Illusion. Die Zeit, in der sich unsere Führung allein auf unsere Macht stützte, ist unwiderruflich vorbei. Ganz gleich ob diese Macht bestraft oder belohnt.

Kinder müssen eine eigene persönliche Autorität aufbauen – vielleicht haben sie das noch nötiger als die Eltern. Das ist die beste Vorbeugung, doch auch der wichtigste Faktor in der Beziehung zwischen Eltern und Kindern, wenn diese erst mal schiefgelaufen ist.

Hinzu kommt, dass die persönliche Autorität auch die übrigen zwischenmenschlichen Beziehungen bereichern wird. Ich selbst habe 50 Jahre gebraucht, um dies zu begreifen, doch glücklicherweise sind nicht alle so begriffsstutzig wie ich.

Ein Teenager-Klassiker

“

Ich schreibe Ihnen, weil ich eine Frage hinsichtlich eines Teenagers habe, der eine bestimmte Grenze überschritten hat.
Vor 20 Minuten habe ich einen Anruf meiner Schwester bekommen, die sehr erregt war. Sie hat im Laufe des Nachmittags mehrfach vergeblich versucht, ihren 15-jährigen Sohn Kasper zu erreichen. Irgendwann entschied sie sich, die Telefonnummer der Eltern des Freundes herauszufinden, bei dem Kasper angeblich zu Besuch war. Doch diese hatten Kasper nicht gesehen, und ihr eigener Sohn befand sich am anderen Ende des Landes.
Daraufhin ging meine Schwester in Kaspers Zimmer, um nachzusehen, ob sie dort irgendwelche Aufschlüsse über seinen Aufenthaltsort finden könnte. Weil sein Computer angeschaltet war, las sie seine Mails und stieß dabei auf eine Mail, die er an ein Mädchen geschrieben hatte, das meine Schwester nicht kennt. Wohl eine Internetbekanntschaft. In der Mail beschreibt er seine Mutter als »Schlampe« und »Idiotin«, die ihn daran hindere, das zu tun, was er will, und die ihn zwinge, seine Hausaufgaben zu machen, sodass er nicht seine ganze Freizeit nach seinem eigenen Willen verbringen könne.
Wenn er es nicht schaffe, bis zur verabredeten Zeit zu kommen, schreibt er in der Mail weiter, würde er versuchen, sich irgendwo ein Moped zu leihen oder notfalls eines zu stehlen.

Von dieser Mail geschockt, rief meine Schwester Kaspers Vater an, damit dieser Kontakt zu Kasper aufnimmt. Sie sind geschieden, seit Kasper ungefähr sechs Jahre alt war. Es gelang dem Vater, Kasper ausfindig zu machen, der außerhalb der Stadt war, sich jetzt aber auf dem Heimweg befand. Kasper sagte seinem Vater, dass er keine Lust habe, seiner Mutter zu erzählen, wo er war, weil sie ihn sonst über alles ausfragen würde, und darauf habe er keine Lust.
Meine Schwester hat eine große Portion gesunden Menschenverstand und handelt sehr überlegt. Vor ein paar Jahren hat sie einen langwierigen familientherapeutischen Prozess durchlaufen, um sich und ihrem Sohn zu helfen – mit großem und auch anhaltendem Erfolg. Es besteht kein Zweifel, dass Kasper einst große Probleme hatte. Wir kommen selbst aus einer Familie, in der es Schwierigkeiten gab, was zur Folge hatte, dass wir als Erwachsene Hilfe suchen mussten, um besser klarzukommen. Meine Schwester hat ihre Ausbildung zur Sozialarbeiterin inzwischen fast beendet, was zum großen Teil der Familientherapie zu verdanken ist. Sie verfügt über jede Menge pädagogische Erfahrung sowie persönliche Einsichten, doch ist es natürlich immer etwas anderes, diese einzusetzen, wenn es um das eigene Kind geht.
Kasper hatte es nie leicht in der Schule, weder in sozialer noch in fachlicher Hinsicht, und auch er hat viele schwierige Züge. Aufgrund dieser Tatsache wird er von der ständigen Angst beherrscht, dass seine Leistungen nicht ausreichend sein könnten und er nicht gut genug sei. Außerdem übertreibt er vieles und ist oft besserwisserisch. Er kämpft gegen alle Grenzen an – meistens sagt er einfach »Ja, Mama!« und tut dann doch, was er will. Er war aber nie ein guter Lügner, weil sein schlechtes Gewissen ihn immer verrät. Doch glaube ich, dass er sein Gewissen zu ignorieren versucht, weil es seine Selbstentfaltung hemmt.
Das alles ist natürlich aus meinem Blickwinkel beschrieben, aber meine Schwester würde mir wohl im Wesentlichen zustimmen. Kasper ist im Grunde ein guter Junge, der gemocht werden will und gern anderen Menschen hilft, wenn er kann. Jetzt als Teenager spürt er die Reaktionen auf das, was schon früher nicht ganz optimal war.

Meine Schwester rief mich an, um erst mal ein bisschen Dampf abzulassen, ehe Kasper nach Hause kommt, damit sie nicht gleich explodiert, wenn er über die Schwelle tritt. Sie erzählte mir, was sie jetzt tun wolle, und fragte mich, was ich an ihrer Stelle täte.

Als Strafe für Kasper hatte sie bereits den Computer aus seinem Zimmer entfernt und weggeschlossen. Und wenn er später nach Hause käme, wolle sie ihm auch sein Handy wegnehmen. Was sie ansonsten noch tun wolle, wisse sie noch nicht genau. Darüber müsse sie erst nachdenken, sagte sie mir. Sie ist sich im Klaren darüber, dass dies etwas anderes sein muss, als nur sein Eigentum einzukassieren. Aber was? Sie will diese Sanktionen gegen ihn verhängen, damit er begreift, dass sie es wirklich ernst meint.

Während unseres Gesprächs hat sich ihre Wut auf mich übertragen. Ich sagte ihr, dass ich Kasper an ihrer Stelle verbieten würde, die Wohnung zu verlassen, wenn er sich nicht von ganzem Herzen dafür entschuldigt, sie angelogen und schlechtgemacht zu haben – selbst wenn es mehrere Tage dauern sollte, bis er sich dazu durchringt. Er würde nicht mal zur Schule gehen dürfen, bis die Sache ein für alle Mal aus der Welt geschafft sei.

Außerdem riet ich ihr, ihm zu sagen, dass sein Verhalten Konsequenzen haben werde und sie in den nächsten Tagen die familientherapeutische Einrichtung verständigen werde, die auch ihr damals geholfen hatte. Und nicht zuletzt könne er den Plan, auf ein Internat zu wechseln, vergessen, denn sie werde ihn dort nicht hinschicken, wenn sie ihm nicht vertrauen könne.

Ich habe keine Ahnung, ob das die richtige Reaktion war, doch wenn man jetzt keine effektiven Maßnahmen ergreift, besteht ein viel zu hohes Risiko, dass er sich in die völlig falsche Richtung entwickelt. Was sollten wir Ihrer Meinung nach tun?

Eine zutiefst beunruhigte Schwester und Tante

Antwort von Jesper Juul:

Ich möchte Ihrer Schwester zunächst ein Kompliment dafür machen, dass sie sich dafür entschieden hat, Sie anzurufen, anstatt auf der Stelle zu explodieren, wenn ihr Sohn nach Hause kommt – und Ihnen beiden danke ich für Ihr Engagement und Ihren Zweifel an der Richtigkeit der von Ihnen getroffenen Entscheidungen. Meine weitere Antwort ist an Ihre Schwester gerichtet:

In der Zeit der Pubertät bekommen wir Eltern unsere wohlverdiente Belohnung und unsere verdiente Strafe. Beides geschieht oft zu einem völlig unerwarteten Zeitpunkt und in unerwarteter Form.

Sie befinden sich mitten in einer klassischen Revolte: Ihr Sohn bricht plötzlich alle Spielregeln und fordert damit die klassischen Reaktionen der Erwachsenen heraus: Konsequenzen, Strafen, Freiheitsberaubung. Bevor ich diese kommentiere, möchte ich gerne sagen, dass Ihre Reaktion drei Zwecken dienen sollte: Erstens sollten Sie Ihre eigene Kränkung ernst nehmen. Zweitens sollten Sie Ihre Beziehung zu Kasper erneuern und verbessern und drittens seine Zukunft so konstruktiv wie möglich beeinflussen.

Eines ist sicher: Ihr Sohn hat lange Zeit einen gewaltigen Zorn mit sich herumgetragen. Einen Zorn, den er bis jetzt in sich verschlossen und vor dem er Sie geschützt hat. Ich glaube, dass dieser Zorn eng mit seinem Status als »problematisches« Kind zusammenhängt und vermutlich auch mit dem Verlauf der Familientherapie, deren Fokus vor allem darauf lag, dass die Dinge nach erwachsenem Maßstab »funktionierten«, statt ihn als Mensch in den Mittelpunkt zu stellen. Die Wortwahl in seiner Mail lässt darauf schließen, dass er sich lange unfrei, übersehen und nicht ernst genommen gefühlt hat. Nun hat er ein Mädchen im Internet kennengelernt, von dem er sich offenbar verstanden fühlt, und jetzt kommt sein Zorn zum Ausdruck. Vielleicht hätte er ihn für alle Zeit geheim gehalten, wenn Sie nicht seine Mails gelesen hätten.

Sein Verhalten muss Ihnen natürlich zutiefst ungerecht vorkommen, weil Sie so viel Energie und Gefühle für Ihre Beziehung und für sein Wohlergehen aufgebracht haben. Dennoch muss ich Ihnen sagen, dass dies Ihre freie Entscheidung war und er Sie weder darum gebeten hatte noch sich davon befreien konnte. Es sind diese Entscheidungen, die wir Eltern in der Hoffnung treffen, das Richtige für unsere Kinder zu tun, ohne uns dessen ganz sicher sein zu können. Darum müssen Sie dafür die Verantwortung übernehmen und dürfen von ihm keine Dankbarkeit erwarten.

Das Paradoxe besteht ja darin, dass es viel schwerer ist, sich von sehr engagierten Eltern zu lösen, als von denen, die ständig fünf gerade sein lassen.

Sie sollten sich zunächst mit Ihrem eigenen Zorn und Ihrer eigenen Kränkung beschäftigen. Tun Sie das, indem Sie Ihrem Sohn so emotional wie möglich klarmachen, was er Ihnen angetan hat, und dass Sie so etwas nicht noch einmal erleben wollen – *nie wieder*!

Sie können ihn natürlich bestrafen, doch dies hat nur selten einen konstruktiven Effekt. In den meisten Fällen wirkt es sich auf den jungen Menschen und die wechselseitige Beziehung zwischen Eltern und Kindern negativ aus. Bestrafungen helfen den Eltern manchmal, sich effektiv, erwachsen und verantwortungsvoll zu fühlen, aber auch dieses Gefühl hält leider nicht lange an. Im Falle Ihres Sohnes ist die Gefahr, dass er sich gleichgültig gibt, sehr groß, womit er auch gleichgültig gegenüber sich selbst werden würde – »Fuck the world!«. Und von diesem Punkt aus wird man rasch destruktiv.

Wenn Sie nach ein paar Tagen merken, dass Sie keine Worte und Gefühle mehr »übrig haben« und nur mehr Besorgnis, Schmerz und Liebe da sind, ist die Zeit reif, um sich damit zu beschäftigen, wie es ihm eigentlich geht und in all den Jahren ergangen ist. Um das herauszufinden, brauchen Sie vielleicht professionelle Hilfe; ich bezweifle allerdings, dass Kasper sich darauf einlassen würde. Das Fazit dieser Gespräche wird zweifellos sein, dass er eine größere Freiheit haben will und sich weniger Einmischung wünscht und weniger Kontrolle, aber größeres Vertrauen Ihrerseits – genau das ist es, was er wirklich braucht.

Er konnte nicht erwachsen werden, ohne Sie zu kränken, doch jetzt ist es an der Zeit, dass Sie ihn freigeben und Ihre alte Mutterrolle ablegen. In dieser Rolle braucht er Sie jetzt nicht mehr, doch er braucht Sie weiterhin dringend als Sparringspartnerin und liebevolle Zeugin seines Lebens. Wenn Sie Schwierigkeiten damit haben, ihm zu vertrauen, will ich sicherheitshalber erklären, welche Art von Vertrauen ich meine:

Ihr Sohn braucht Ihr vollständiges Vertrauen darauf, dass er das Beste aus seinem Leben macht, und zwar mit den Voraussetzungen, die er im Leben vorgefunden hat.

Wir wissen alle, dass diese nicht perfekt waren, dennoch können Sie ruhig schlafen in dem Wissen, einen Rieseneinsatz geleistet zu haben, der dazu beigetragen hat, dass er in seinem bisherigen Leben so weit gekommen ist. Mehr kann niemand von Ihnen verlangen, doch die Belohnung erhalten Sie erst dann, wenn er das letzte Stück des Weges allein zurückgelegt hat und ein erwachsener Mann geworden ist, auf den seine Mutter stolz sein kann, statt sich Sorgen zu machen. Das mag noch zehn Jahre dauern, bis es so weit ist, doch es lohnt sich, darauf zu warten.

Papa mit sich selbst konfrontiert

"

Lieber Jesper Juul! Ihre Kolumne ermutigt mich, mich mit einem persönlichen Problem an Sie zu wenden. Ich bin ein Mann von 35 Jahren, habe eine attraktive Frau im selben Alter und drei großartige Söhne im Alter von 14, zwölf und drei Jahren. Meine Frau und ich haben beide eine gute Ausbildung und arbeiten an der Schule beziehungsweise beim Jugendamt.

Leider liege ich vor allem mit meinem mittleren Sohn andauernd im Clinch. Ich weiß nicht, ob ich näher auf die Gründe eingehen soll, doch kann ich in jedem Fall sagen, dass er derjenige ist, der uns am meisten fordert. Ich habe vorhin gesagt, dass ich drei großartige Söhne habe. Das ist absolut wahr! Ich weiß nicht, was ich ohne sie täte, und dasselbe gilt für meine Frau.

Nun gibt es jedoch fast täglich bei uns zu Hause Streitereien und schlechte Stimmung – vor allem am Mittagstisch und um das Thema Hausaufgaben. Mein 12-Jähriger tut sich mit den Hausaufgaben sehr schwer. Er schafft es nach einem langen Schultag einfach nicht mehr, sich zu konzentrieren. Ich kann mich erinnern, dass es mir mit 12 Jahren genauso erging und dass auch ich mächtig Druck von meinem Vater bekam, wenn ich irgendwelche Hausaufgaben nicht bewältigte. Ich selbst komme aus einer wunderbaren Familie mit Mama, Papa und zwei älteren Schwestern und kann mir beim besten Willen nicht vorstellen, aus dieser Zeit etwas Negatives mitgenommen zu haben. Mein Vater war bestimmt nicht der geduldigste Mensch der Welt, wenn es um meine Hausaufgaben ging, aber ich war viel mehr daran interessiert, zu meinen Freunden zu gehen, als meine Hausaufgaben zu erledigen. Ich habe die Hausaufgaben dann meist unter Tränen gemacht, und das Schlimmste ist, dass jetzt auch mein 12-jähriger Sohn zu weinen anfängt, wenn ich ihm bei den Hausaufgaben helfen will. Ich bin dann einfach viel zu streng und weiß, dass meine Erwartungen zu hoch sind, aber das hilft meinem armen Jungen nicht. Sein Papa ist und bleibt streng und böse!

Manchmal, wenn die Stimmung wieder mal auf dem Nullpunkt ist, frage ich mich, ob ich überhaupt zum Papa tauge. Und auch jetzt, da ich dies schreibe, spüre ich, dass es hier im Grunde nur um mich geht. Bin ich ein Egoist? Bin ich ein Drecksack?

Ich habe ein mulmiges Gefühl, während ich dies schreibe. Ich sehe, wie mir die Schwächen als Familienvater aus meinem Text entgegenspringen, und erkenne, dass ich von einer Falle in die nächste tappe. Beispielsweise ertrage ich keine Kritik. Wenn meine Frau etwas anspricht, das auch nur entfernt als Kritik an mir verstanden werden kann, bin ich sofort in Verteidigungshaltung und wehre mich, indem ich mit Kanonen auf Spatzen schieße.

Unordnung ist mir äußerst verhasst, obwohl doch niemand in unserer Familie so unordentlich ist wie ich selbst. Meiner Familie mache ich deshalb oft Vorhaltungen, doch wenn meine Frau mir berechtigterweise meine eigene Unordnung vorhält, fahre ich viel zu schnell aus der Haut. Dabei will ich doch nur, dass meine Frau, die Jungen und ich ein schönes Familienleben haben, dass alle sich wertgeschätzt fühlen und sich individuell entwickeln können.

Wenn ich etwas zu meiner Verteidigung vorbringen kann, dann ist es wohl die Tatsache, dass ich nur das Beste für meine Familie will. Allerdings bin ich von Natur aus ein wenig schüchtern, deshalb gehe ich nicht so viel aus, um andere Leute zu treffen. Da ich nicht will, dass meine Söhne genauso werden, dränge ich sie oft, sich mit anderen

Jungen zu verabreden. Mein Selbstbild ließ einiges zu wünschen übrig, als ich noch ein Schüler war. Ich hatte wohl auch ein schlechtes Gewissen, weil meine schulischen Leistungen nicht besonders gut waren. Auch das will ich meinen Kindern nicht zumuten. Deshalb ist es mir so wichtig, dass sie ihre Hausaufgaben gewissenhaft erledigen und gute Noten nach Hause bringen.
Ich wünsche mir sehr, dass die Streitereien ein Ende nehmen und bei uns nicht ständig alle Gedanken ums Thema Hausaufgaben kreisen. Was kann ich tun?

Ein unfähiger Papa

Antwort von Jesper Juul:

Ich danke Ihnen für Ihren freimütigen Brief und möchte Ihnen vor allem dazu gratulieren, dass Sie ihn geschrieben haben! Sie beschreiben ein paar Mechanismen und Stimmungen, die ganz gewiss nicht ungewöhnlich sind. Der Kampf um die Hausaufgaben hat schon viele Vater-Sohn-Konflikte heraufbeschworen, doch vielleicht ist es auch genau das Thema, das Ihnen als Vater die beste Möglichkeit gibt, sich positiv zu entwickeln.

Die Beschreibung Ihres eigenen Vaters und seines Verhaltens Ihnen gegenüber gibt mir Gelegenheit, zu erwähnen, dass erwachsene Menschen zwei Arten der Erinnerung haben – eine emotionale und eine existenzielle. Die erste birgt bei Ihnen viele gute Erlebnisse, die zweite birgt jedoch viel Schmerz. Sie ist es, die jetzt an die Oberfläche drängt – was für einen Mann wie Sie ein wenig untypisch ist, weil es relativ früh in Ihrem Leben geschieht. Der auslösende Faktor ist Ihr mittlerer Sohn, der Ihnen offensichtlich sehr ähnelt, was Sie zu einem Vater werden lässt, der Sie nicht sein wollen.

Eines der fundamentalen menschlichen Bedürfnisse ist, sich wertvoll zu fühlen für die Menschen, die uns am meisten bedeuten.

Wenn wir von ihnen die Rückmeldung bekommen, dass uns dies nicht geglückt ist, reagieren wir mit Zorn und schieben dem anderen die Schuld in die Schuhe.

Der Unterschied zwischen Kindern und Eltern besteht darin, dass Eltern, die dies erleben, tatsächlich nicht so wertvoll sind, wie sie gerne wären. Kinder sind unschuldig, weil sie nicht die Macht haben, die Qualität des Zusammenlebens in der Familie zu bestimmen. Macht und Verantwortung liegen bei den Eltern.

Ihre Familie ist genau von dieser Frustration geprägt – alle tun ihr Bestes, ohne damit Erfolg zu haben. Manche wenden ihren Frust nach außen, andere nach innen – wie Sie es einst taten und wie es auch Ihr Sohn jetzt seinerseits tut.

Sie haben Ihr Verhalten in Ihrer Ursprungsfamilie entwickelt, und jetzt befinden Sie sich in derselben Lage wie wir alle: Ihre Familie konfrontiert Sie mit der Notwendigkeit, als Mensch zu wachsen, damit die Überlebensstrategie, die Sie als Kind entwickelt haben, zu einer Lebensstrategie werden kann. Dazu müssen Sie zunächst alle selbstzerstörerischen Elemente Ihres Verhaltens als Vater und Partner ablegen. Wenn Sie das nach und nach tun, werden Sie den hohen Zielen, die Sie sich selbst gesteckt haben, näher kommen, und Ihre Nächsten werden erleben, welch ungeheuren Wert sie für das Leben ihres Vaters haben.

Die Bedingung ist, dass Sie es offen tun. Dass Sie alle mit einbeziehen, indem Sie ihnen zum Beispiel diesen Brief zeigen. Das wird Ihnen sicher nicht leichtfallen, weil Sie schüchtern sind. Sie müssen ganz einfach riskieren, sich verwundbar zu machen, Ihre Inkompetenz offenlegen und insbesondere Ihrem mittleren Sohn für seine Hilfe danken. Sie können dieses Verhalten zuerst mit Ihrer Frau üben, doch kommen Sie nicht drum herum, Ihre Verwundbarkeit und momentane Hilflosigkeit auch mit Ihren Kindern zu teilen.

Dass Sie drei Söhne haben, verschafft Ihnen zudem die großartige Möglichkeit, ein Vorbild abzugeben, das diese weit in die nächste Vätergeneration hineintragen können. Sie sind schon deshalb ein guter Vater, weil Sie Ihre eigenen Defizite erkennen und den Drang spüren, diese zu überwinden.

Ihre Frau kann Ihren Söhnen nicht in der Weise wie Sie Vorbild sein, doch ihre Liebe und Fürsorge kann Ihnen in den nächsten Jahren eine wichtige Stütze sein. Sie können Ihre Frau natürlich um Rat oder Hilfe bitten, doch jedes Mal, wenn Sie an Ihrer Vaterrolle zweifeln, ist es viel besser, direkt zu Ihren Söhnen zu gehen und diese zu fragen. Frauen verstehen nur wenig davon, was es heißt, ein Vater zu sein – ebenso wenig wie wir wissen, was Mutter sein bedeutet.

Das Schwierigste an der ganzen Angelegenheit ist eigentlich nicht das konkrete Verhalten, das ich vorschlage.

Das Schwierige ist, sein eigenes Selbstbild zu revidieren, Abschied von der Person zu nehmen, die man einmal war, sowie die Trauer und Angst auszuhalten, die jedem dynamischen Entwicklungsprozess innewohnen.

Ihr jetziges Selbstbild und Ihr konstruktives wie destruktives Verhalten sind in liebevollen Beziehungen entstanden und können nur in liebevollen Beziehungen verändert werden. Nicht von einem Tag auf den anderen, aber im Laufe mehrerer Jahre.

Wenn Kinder und Jugendliche im virtuellen Raum leben

“

Erst einmal herzlichen Dank für die vielen interessanten Kolumnen! Ich würde mir wünschen, dass Sie einmal etwas zum Thema Jugendliche und Videospiele sagen. Was können Eltern tun, wenn ihr 17-jähriger Sohn nichts anderes im Sinn hat, als im Internet gewalttätige (zumindest in den Augen der Eltern) Spiele zu spielen, und auch kein Interesse mehr an Schule, Arbeit und Freunden zeigt?
So ist es nämlich bei unserem Sohn, und es scheint, als wäre nur noch das Computerspielen für ihn wichtig. Alles andere scheint ihn nicht mehr zu interessieren. Wir fühlen uns da ziemlich hilflos, da der Umgang mit den neuen Medien für uns nicht so gewohnt ist. Am liebsten würde ich den Computer rauswerfen, aber dann würde er bestimmt bei seinen Freunden weiterspielen.

Eine Mutter, die Ihren Rat braucht

”

Antwort von Jesper Juul:

Ich bin sicher, dass Ihre Besorgnis von vielen Eltern geteilt wird, die erleben, dass ihre Söhne oder Töchter in eine ihnen unbekannte und teils unverständliche Welt abtauchen. Meine professionelle Erfahrung in dieser Hinsicht ist nicht sehr umfassend, doch habe ich wegen dieses Themas mit einigen Familien zusammengesessen und zwischen den »Fronten« vermittelt. Ich hoffe, dass Ihnen und Ihrem Partner das Folgende einen möglichst konstruktiven Ansatzpunkt für Ihre Familie bietet.

Zunächst müssen wir feststellen, dass dieses Phänomen so neu ist, dass noch keine zuverlässigen Forschungsergebnisse vorliegen, die uns einen Fingerzeig in folgende Richtungen geben würden: Welche Spiele werden von den Jugendlichen gespielt? Wie viele Stunden werden am Tag gespielt? Warum wird am PC gespielt? Was geschieht beim Spielen?

Die Eltern jüngerer Kinder müssen also selbst entscheiden, welche Regeln in ihrer Familie gelten sollen, und darauf hoffen, dass ein offener Dialog mit den Kindern ihren Konsum regulieren kann. Wenn es um einen 17-Jährigen geht, ist es weder klug noch möglich, dass die Eltern ihm »Grenzen setzen«.

Unsere Kinder und Jugendlichen werden heute mehr denn je von den Erwachsenen in ihrer Umgebung kontrolliert und überwacht. Vor 20 Jahren konnten Kinder ohne Weiteres mehrere Stunden von zu Hause fort sein und mit anderen Kindern spielen, ohne dass ihre Eltern mit ihnen im Handykontakt standen oder wussten, wo sie waren. Wenn Kinder und Jugendliche heute vor den Erwachsenen Ruhe haben wollen, gehen sie ins Internet. So haben sie einen eigenen Raum, über den sie selbst bestimmen können. Dort, so sagen sie, fühlen sie sich frei und selbstständig.

In der modernen Psychologie besteht ein gewisser Trend, die Themen Videospiele, Computer und Internet unter dem Blickwinkel des Missbrauchs und der Abhängigkeit zu sehen, was in der Folge automatisch die Notwendigkeit einer »Behandlung« der Abhängigen nach sich zieht.

Doch eigentlich kann nur der Konsument selbst entscheiden, ob eine Abhängigkeit besteht. Um dies festzustellen, muss er sich folgende Frage stellen: »Bin ich in der Lage, selbst zu entscheiden, wann, wie viel und auf welche Weise ich konsumiere?« Beim Alkohol ist es übrigens nicht anders.

Im Fall einer Abhängigkeit müssen alle Beteiligten die Tatsache akzeptieren, dass ein Entzug nur dann möglich ist, wenn der Abhängige ihn – in seinem eigenen Interesse – auch will.

Es ist nichts Neues, dass sich junge Menschen von verschiedenen Phänomenen und Aktivitäten so sehr einnehmen lassen, dass sie kein normales soziales Leben mehr führen. Dabei kann es sich auch um Sport, Literatur, Filme oder die Schule handeln. Der Unterschied besteht nur darin, dass wir zu verschiedenen Tätigkeiten unterschiedliche moralische Haltungen einnehmen. Die meisten Eltern wünschen sich ein »Mainstream-Kind«, das sich der Schule, Partys, Sport und Kultur in einem ausgewogenen Verhältnis widmet. Viele Eltern müssen sich jedoch damit abfinden, dass sie eben kein Durchschnittskind haben. Ihre wichtigste Aufgabe besteht deshalb zunächst darin, sich für ihr individuelles und unverwechselbares Kind zu interessieren und zu engagieren.

Manche Eltern müssen zu diesem Zweck eine mentale Übung machen, die dazu dient, sich von Vorurteilen – beispielsweise gegenüber Videospielen – zu lösen. Ich empfehle den Eltern, einen etwa einstündigen Spaziergang zu machen – und zwar jeder für sich – und sich währenddessen Gedanken zu machen über ihren persönlichen Standpunkt, ihre Zweifel und Unsicherheiten. Anschließend sollten sie sich zusammensetzen und eine gemeinsame Erklärung für ihr Kind formulieren. Nur so können sie mit ihrem Kind einen offenen Dialog führen. Ich benutze absichtlich das Wort »Dialog«, weil es etwas anderes bedeutet als »Gespräch« oder »Diskussion«. Ein Dialog ist ein Gespräch, das mit dem Ziel geführt wird, dass beide Gesprächspartner etwas über sich selbst, den anderen und ihr gemeinsames Thema erfahren. In einem Dialog treffen zwei Menschen, nicht zwei Meinungen aufeinander.

Erst wenn die Voraussetzungen für einen solchen Dialog geschaffen sind, können Sie mit Ihrem Sohn darüber reden, was die Videospiele für ihn bedeuten, wie sie seinem Leben einen Sinn geben, was er aus dieser Situation lernt und wie er sich seine Zukunft in der Schule, mit seinen Freunden et cetera vorstellt. Sie selbst sollten erst einmal nicht argumentieren, sondern ihn einfach erzählen lassen und sich vergewissern, dass Sie verstanden haben, wer er ist und wie er denkt. Danach – gerne ein paar Tage später – können Sie selbst Stellung beziehen. Sie können über Ihre eigene Besorgnis sprechen, Ihre Gedanken über seine Zukunft beschreiben, Ihre Ängste darlegen, Ihre Wertvorstellungen erläutern und Ihren Hoffnungen Ausdruck verleihen. Gleichzeitig müssen Sie sich von dem Gedanken verabschieden, Macht über sein Leben zu haben.

Wenn man Einfluss auf einen 17-Jährigen ausüben will, muss man Eindruck auf ihn machen.

Es kann eine Weile dauern, bis Sie diesen Dialog in Gang bekommen. Das hängt von Ihrer Familientradition hinsichtlich Diskussionsverhalten und Erziehung ab. Die Einladung sollte etwa folgendermaßen lauten: »Wir möchten gerne mit dir über dein Interesse an Computerspielen sprechen. Du kannst dir sicherlich denken, dass wir nicht gerade begeistert davon sind, aber uns ist klar, dass wir die meisten Spiele überhaupt nicht kennen und uns auch nicht dafür interessieren. Deshalb würden wir gerne von dir erfahren, was diese

Spiele für dich bedeuten und warum du sie so spannend findest, dass du immer wieder viele Stunden am Tag am Computer verbringst.«

Ich habe Jugendliche kennengelernt oder ihre Aussagen gelesen, die für zwei, drei Jahre vollkommen auf Computerspiele fixiert waren und täglich viele Stunden vorm Computer saßen, bis sie selbst einen Sättigungspunkt erreichten, der sie dazu brachte, mit dem Spielen aufzuhören. Oft haben sie die Folgen für ihr Leben bereut, die durch das exzessive Spielen über einen gewissen Zeitraum hinweg eingetreten waren, aber so ist es eben im Leben. Wir alle müssen leben, so gut wir können, um klüger zu werden. Oder wie der dänische Philosoph Søren Kierkegaard sagte:

»Das Leben wird vorwärts gelebt und rückwärts verstanden.«

In der Situation der Eltern hätte ich keine Zweifel, wofür ich mich entscheiden würde: Ich würde lieber einen guten Kontakt zu meinem Kind aufrechterhalten als auf mein Recht pochen.

Ich selbst bin im Alter von 17 Jahren zur See gefahren und war zwischen Dänemark und dem Fernen Osten unterwegs. Innerhalb von zwei Jahren lernte ich, gute von schlechten Kameraden, vertrauenswürdige von sadistischen Vorgesetzten zu unterscheiden, musste mich mit Alkohol und Hurerei auseinandersetzen und gleichzeitig das Essen für 60 erwachsene Männer zubereiten.

Ich weiß nicht, ob meine Eltern es überlebt hätten, von all diesen Dingen zu erfahren, doch ich habe mich durchgeschlagen. Über den Unterschied zwischen Reisen in der Realität und im Internet wissen wir nur sehr wenig, deshalb müssen wir ihn gemeinsam mit unseren Kindern erkunden – falls wir so glücklich sind, von ihnen in ihre Welt eingeladen zu werden (ein Recht darauf haben wir nicht). Ich hoffe, dass Ihre Liebe zu Ihrem Sohn und Ihre Neugier auf seine Welt die Oberhand über Ihre momentane Besorgnis gewinnen!

Lassen Sie die Maske fallen!

"

Ich lese regelmäßig Ihre Kolumne und habe dort schon viele gute Ratschläge gefunden. Jetzt möchte ich Sie selbst um Rat fragen, denn ich bin sehr verzweifelt, was mich und meinen Sohn betrifft.

Mein Sohn wird bald 14 Jahre alt und befindet sich eindeutig in einer Zeit des Umbruchs. Ich habe an Kindergärten und Schulen viel Erfahrung mit Kindern und Jugendlichen gesammelt, und meine eigene Tochter ist knapp 18 Jahre alt. Ich bin also mit den verschiedenen Achterbahnfahrten vertraut, die junge Leute durchmachen, ehe sie erwachsen werden. Meine Tochter ist im Großen und Ganzen gut durch diese Zeit gekommen, ohne dass wir allzu heftige Konflikte miteinander hatten. Sie und ihr Bruder rauchen und trinken nicht – etwas, das ich ihnen mit sanfter Entschiedenheit »eingeimpft« habe. Ich bin jetzt seit über zehn Jahren eine alleinerziehende Mutter, mein Sohn war vier Jahre alt, als sein Vater auszog. Ich war also gezwungen, charakterstark und konsequent in Wort und Tat zu sein.

Ich möchte auch erwähnen, dass ich zum Vater meines Sohnes kein gutes Verhältnis habe. Es hat sich in den letzten Jahren zwar ein wenig gebessert, doch jedes Mal, wenn irgendetwas schiefläuft zwischen ihm und den Kindern, werde ich dafür verantwortlich gemacht. So ist es in all den Jahren gewesen. Es begann damit, dass ihr Vater es nicht verwinden konnte, dass ich die Verantwortung für unseren Sohn über-

nahm. Ich räume gern ein, dass ich es nicht ertragen hätte, mich einfach so von meinem Sohn zu trennen. In den ersten zehn Jahren seines Lebens war er ein Musterkind. Natürlich hatten wir auch unsere Probleme miteinander, es waren halt die üblichen Streitigkeiten um die Hausaufgaben, Übernachtungen bei Freunden oder Süßigkeiten. In all diesen Punkten bin ich stets konsequent gewesen. Viele Hobbys, die Geld kosten, konnte ich meinen Kindern allerdings nicht finanzieren. Sie durften zum Tanzen und zum Fußball gehen, haben damit aber aus verschiedenen Gründen wieder aufgehört. Deswegen hat ihr Vater mich oft kritisiert. Er behauptet zwar immer, dass er mit unserem Sohn nicht darüber spricht, doch habe ich den Eindruck, dass ihre Gespräche dazu führen, unsere Situation bei mir zu Hause noch schwieriger zu machen. Er hat versprochen, unseren Sohn zu sich ziehen zu lassen, sobald sich seine berufliche Situation ändert. Und ich halte das eigentlich für eine gute Idee, damit mein Sohn mal einen Tapetenwechsel hat und sieht, dass auch sein Vater ganz normale Werktage hat. Heute ist sein Vater wieder verheiratet, hat ein großes Haus, zwei Autos, ein Boot, einen Campingwagen und mehr als einen Fernseher im Haus. Ich sollte an dieser Stelle vielleicht hinzufügen, dass mein Sohn zu seinem Vater ziehen will, seit er zehn Jahre alt ist. Das Problem besteht allerdings darin, dass mein Exmann es seinem Sohn versprochen hat, mir aber sagt, dass es unmöglich ist.

Meines Erachtens verhält es sich folgendermaßen: Mein Sohn leidet, ohne dass ich genau sagen könnte, woran es liegt. Er glaubt, dass alles besser wird, sobald er zu seinem Vater zieht, mit dem er bis jetzt nur an Wochenenden und in den Ferien zusammen war.

Mein Sohn achtet sehr darauf, was andere über ihn denken (nicht ungewöhnlich). Er hat eine Leseschwäche und tut sich schwer in der Schule. Dies ist ein Grund für den ewigen Kampf um die Hausaufgaben. Seine Freunde trifft er regelmäßig, und ich habe keinen Hinweis darauf, dass er möglicherweise gemobbt wird.

Die Probleme entstehen erst zu Hause, unabhängig davon, wo er herkommt. Wenn er bei seinem Vater ist, dann kann er sich beherrschen.

Doch am nächsten Tag oder auch nur einen halben Tag später rastet er völlig aus. Nie zuvor habe ich so viele hässliche Schimpfwörter aus dem Mund eines 13-Jährigen gehört. Dann beschimpft er mich als Miststück oder als »pädophil« (er sagt das, weil ich die Angewohnheit habe, ihn intensiv anzusehen, wenn wir miteinander reden) und benutzt noch schlimmere Ausdrücke, die ich lieber nicht wiederholen möchte. Er sagt, dass er sich wünscht, ich wäre tot (das ist wohl auch nicht so ungewöhnlich, wie ich gehört habe), und dass er mir am liebsten persönlich das Genick brechen würde. Wenn seine Schwester nicht zu Hause ist, will er sich nicht mit mir an den Esstisch setzen, sondern bereitet sich selbst etwas zu und isst dann allein auf seinem Zimmer. Was seine Videospiele angeht, haben wir mit ihm klare Regeln vereinbart, an die er sich auch zu halten scheint – zumindest wenn ich dies ab und zu kontrolliere.

Ich habe große Anstrengungen unternommen, um einen besseren Kontakt zu ihm herzustellen, doch was ich auch tue, es funktioniert nicht. Er bittet mich ständig um Geld und andere Dinge, doch weigere ich mich, sie ihm deshalb zu geben, damit er mich liebt. Er soll, wenn er erwachsen wird, nicht das Gefühl haben, gekauft worden zu sein. Natürlich wünsche ich mir, dass er mich liebt, weil ich seine Mutter bin und mich wie eine Mutter verhalte und ihn selbst so sehr liebe. Das erzähle ich ihm auch oft, allerdings nicht so oft, dass es zur Routine wird (so hoffe ich zumindest). Wenn er vor Wut außer sich ist, sage ich ihm oft, dass ich ihn trotzdem liebe und immer für ihn da bin und mich dafür einsetzen werde, dass er eine Zeit lang bei seinem Vater wohnen kann, obwohl es mir am liebsten wäre, er würde bei mir wohnen bleiben, bis er eines Tages auf eigenen Füßen steht – schon aus dem Grund, weil ich ihn so vermisse, wenn er nicht da ist. Er hat so viele gute Seiten und verfügt auch über viel Humor.

Ich bin mir ganz sicher, dass mein eigenes Verhältnis zu meinen Eltern bei dem Ganzen eine Rolle spielt. Ich versuche alles, was in meiner Macht steht, um eine bessere Mutter zu sein, als es meine eigene Mutter für mich gewesen ist, auch wenn ich bestimmt jede Menge Fehler

gemacht habe. Nicht nur von meinem Exmann, sondern auch von seiner und meiner eigenen Familie bin ich stets gering geschätzt worden. Ich muss mir ständig sagen, dass ich etwas wert bin.
Ich habe eine riesige Angst, dass mein Verhältnis zu meinem Sohn unwiederbringlich zerstört ist. So schlimm sieht es aus.
Ich hoffe, Sie können mir helfen.

Freundliche Grüße von einer verzweifelten Mutter

Antwort von Jesper Juul:

Wie Sie sehen, habe ich Ihren Brief aus Platzgründen um etwa die Hälfte gekürzt. Beide Hälften zeichnen das Bild einer Mutter, die vielen Widrigkeiten zum Trotz fast unmenschliche Anstrengungen unternommen hat, eine »gute Mutter« zu sein. Meiner Erfahrung nach ist genau das ein Teil des Problems. Sie sind einfach zu großartig, zu verständnis- und rücksichtsvoll und zu »grenzenlos«, was Ihre persönlichen Grenzen angeht. Das provoziert insbesondere Teenager, die Tag für Tag erleben, dass sie diesem Ideal unmöglich gerecht werden können. Daher entwickeln sie ein Schuldgefühl. Dieses Schuldgefühl lässt Ihr Sohn in Frustration und Wut umschlagen. Auch die nicht gehaltenen Versprechungen seines Vaters spielen hierbei eine wichtige Rolle.

Ihr Sohn mag sich so benehmen und sprechen, als hasse er Sie, und in gewissen Momenten, die Sie sehr anschaulich schildern, ist das durchaus auch der Fall. Doch:

Hass ist nicht unbedingt das Gegenteil von Liebe, sondern eine ihrer Ausdrucksformen.

Ihr Sohn hat Ihnen und seinem Vater ein ums andere Mal erklärt, wie das Leben für ihn besser wäre. Würde sein Vater mit ihm zusammenleben wollen, wäre das leicht in die Tat umzusetzen, doch scheitert dies an der Bequemlichkeit des Vaters. Sie geben freimütig zu, dass Sie ihn gern bei sich wohnen behalten möchten, weil Sie einen Umzug zum Vater emotional nur schwer verkraften könnten.

Das bedeutet, dass Ihr Sohn zwei Eltern hat, die nicht nur *sein* Bestes im Sinn haben, sondern vor allem auf ihren eigenen Vorteil achten – deshalb wird er sehr bald damit beginnen, sein Leben an seinen eigenen Prämissen auszurichten. Er wird dies nach der Art seiner Eltern tun, so wie er es bei Ihnen beobachtet hat – die Sache also vertuschen und in falschem Licht darstellen.

Deshalb ist es an der Zeit, dass Sie es sich erlauben, ein lebender Mensch zu sein, Ihre Gefühle zu zeigen, Ihre Grenzen zu markieren und sich als Herrin im eigenen Haus zu etablieren. Was Ihr Sohn tut oder nicht tut, ist zunächst nicht wichtig.

Das Wichtigste ist, dass er mit Ihrem wahren Ich konfrontiert wird statt mit Ihrer Rolle.

Solch eine große Veränderung vorzunehmen wird für Sie als Mutter und Frau nicht einfach sein. Doch es wird für Sie drei eine enorme Erleichterung sein! Deshalb brauchen Sie so viel Hilfe und Unterstützung wie irgend möglich. Die größte Hilfe kann Ihnen Ihr Sohn sein, vorausgesetzt, Sie besitzen den Mut, mit ihm offen und ehrlich über sich selbst zu sprechen.

Sie könnten folgendermaßen beginnen: »Ich möchte dir ein paar Dinge über mich selbst erzählen und brauche eine Stunde Zeit mit dir. Sag mir doch bitte Bescheid, wann es dir passt.«

Sobald Sie sich zusammengesetzt haben, sagen Sie einfach: »Seit deiner Geburt habe ich alles versucht, um dir die Mutter zu sein, die du verdienst, und eine viel bessere Mutter, als ich sie selbst hatte.

Doch wenn ich sehe, wie zornig und unglücklich du bist, dann weiß ich, dass ich mit diesem Vorhaben gescheitert bin. Ich finde, dass du ein wunderbarer junger Mann mit vielen Qualitäten bist, doch bereue ich zutiefst, dass ich unser Verhältnis zerstört habe. Ich kann sowohl sehen als auch fühlen, dass unsere Beziehung für niemand von uns gut ist, deshalb brauche ich deine Hilfe, um meinen Part zu verbessern. Wärst du dazu bereit?«

Das Wichtigste in diesem Prozess besteht darin, dass Sie die Ansichten Ihres Sohnes ernst nehmen und ihm vermitteln, wie wertvoll er für Ihr Leben ist, und dass er Sie ebenfalls ernst nimmt.

Möglichweise wird er entgegnen: »Was kann ich denn tun?« Dann können Sie ihm antworten: »Du kannst mir sagen, was ich falsch mache und was ich sage, das dich von mir entfernt und dich wütend macht. Vielleicht könntest du einfach mit zwei, drei Dingen beginnen, über die ich in Ruhe nachdenken kann. Wenn du noch mehr anführst, werde ich mich ja doch nur verteidigen oder dazu übergehen, dich zu kritisieren.«

Sie müssen nicht alles erfahren, und es ist völlig in Ordnung, nicht auf alles eine Antwort zu wissen.

Auf diese Art begründen Sie eine völlig neue Beziehung zu ihm, statt sich selbst, ihn oder seinen Vater für Ihr gegenwärtiges Unglück verantwortlich zu machen. Dieser Veränderungsprozess wird schmerzhaft sein, doch werden Sie beide (und Ihre Tochter) in den vielen Jahren, die vor Ihnen liegen, Tag für Tag davon profitieren.

Verantwortung

… oder wie Eltern ihren Kindern als Sparringspartner zur Seite stehen und die Jugendlichen lernen, Verantwortung für ihr Leben zu übernehmen

Selbst die Verantwortung übernehmen

Die meisten Eltern wünschen sich Teenager, die die Verantwortung für sich selbst und ihren Alltag übernehmen können. Das heißt zum Beispiel: dass sie selbstständig aufstehen und rechtzeitig zur Schule kommen. Dass sie eigenständig ihre Hausaufgaben machen. Dass sie sich um ihre Kleidung kümmern und dass sie selbst dafür sorgen, ihr Zimmer sauber zu halten.

Dass sie selbst die Verantwortung dafür übernehmen können, nach Hause zu kommen, wenn sie ausgegangen sind, um den nötigen Schlaf zu bekommen. Dass sie sich an die Absprachen halten, die sie treffen, mit Rücksicht auf Freizeitjobs oder sportliche Aktivitäten. Dass sie selbst die Verantwortung für ihre Ökonomie übernehmen können; dass sie selbst ihr Taschengeld verwalten können.

Dass sie sich selbst verantwortungsbewusst ihre Freunde aussuchen, sodass sie nicht in Schwierigkeiten geraten. Dass sie überhaupt nicht leichtfertig mit all den Verlockungen umgehen, die heutzutage von allen Seiten auf sie eindringen. Dass sie vor allem auch ihre soziale Verantwortung wahrnehmen.

Hierbei ist es wichtig, zu bedenken, dass »selbst« nicht alleine bedeutet! Die Eltern müssen aktiv in der Rolle des Sparringspartners sein, aber sie müssen die Verantwortung den Jugendlichen überlassen. Jugendliche lernen, die Verantwortung für ihr Handeln zu übernehmen, indem sie Begleitung durch wohlgesinnte Erwachsene erfahren. Denn vieles können auch Jugendliche schon selbst, aber eben noch nicht alleine.

Das alles zusammen sieht doch ganz einfach und vernünftig aus, und es ist obendrein das, was man von Jugendlichen in diesem Alter erwarten kann. Aber wie kann es dann sein, dass genau dies Anlass für so viele Konflikte in so vielen Familien ist? Der Grund dafür ist in Wirklichkeit sowohl einfach als auch einleuchtend. Die meisten Eltern versuchen, ihren Kindern Verantwortlichkeit beizubringen, indem sie die Verantwortung für sie übernehmen, bis sie 13 bis 14 Jahre alt sind. Danach jedoch, beinahe von einem Tag auf den anderen, überlassen sie die Verantwortung den Jugendlichen. Das misslingt den Kindern natürlich. Sie brauchen mindestens zehn Jahre, um zu lernen, die Verantwortung auf den oben genannten Gebieten für sich selbst zu übernehmen.

Die andere Variante, die heute üblich geworden ist, ist diejenige, dass die Eltern ein hohes Serviceniveau aufrechterhalten und dadurch eine fortwährende Abhängigkeit schaffen, die der Entwicklung des Jugendlichen schadet.

Für sich selbst verantwortlich zu sein bedeutet, in Übereinstimmung mit sich selbst handeln zu können und für die Konsequenzen dieser Handlungen einzustehen. Einige nennen dies innerlich gesteuert zu sein im Gegensatz dazu, äußerlich gesteuert zu sein. Wir sind äußerlich gesteuert, wenn wir verantwortlich gegenüber den äußeren Anforderungen sind; wenn wir uns nach Regeln, Normen und Ansprüchen richten, die von anderen Menschen gestellt werden, kurz: wenn wir das tun, »was man tut«. Wer heute als Jugendlicher in dieser Welt lebt, muss in der Lage sein, für sich selbst und sein Handeln geradezustehen und eigene Schlüsse zu ziehen. Solange wir nicht in der Lage sind, die Verantwortung für unser Leben selbst zu übernehmen, müssen andere dies für uns tun. Und wer es nicht schafft, die Verantwortung für sein Handeln zu übernehmen, wird Opfer und sucht nach anderen Schuldigen.

Kinder und Pflichten

“

Wenn ich mich recht erinnere, haben Sie einmal geschrieben, es gebe zwei Gründe, die dafür sprechen, den Kindern im Familienalltag gewisse praktische Aufgaben zu übertragen. Man könne zum einen den Standpunkt vertreten, es tue Kindern gut, Pflichten zu haben. Zum anderen könne es auch der Fall sein, dass Eltern wirklich Hilfe und Unterstützung brauchen.

Vielleicht interpretiere ich Ihre Worte ein wenig falsch, doch scheinen Sie mir davon auszugehen, dass es zunächst die Eltern sind, die die Verantwortung für sämtliche praktischen Arbeiten tragen – bei denen sie aber möglicherweise Unterstützung brauchen. Doch hängt die Verantwortung nicht auch mit den Fähigkeiten zusammen? Bei einem Neugeborenen sind die Fähigkeiten natürlich noch sehr eingeschränkt; deshalb sind andere verantwortlich, sich um den Säugling zu kümmern. Doch warum sollen Eltern auch dann noch hundertprozentig verantwortlich sein, wenn die Kinder älter geworden sind und verschiedene Fähigkeiten erworben haben?

Gleichzeitig meine ich jedoch, an anderen Stellen Ihrer Bücher einen gegenteiligen Standpunkt herausgelesen zu haben. Habe ich Ihre Einstellung zu praktischen Aufgaben in der Familie missverstanden? Ich verstehe nicht ganz, warum die Eltern alle praktischen Arbeiten erledigen sollen, wenn auch das Kind dazu in der Lage ist. Das Wichtigste ist natürlich, dass die wesentlichen Bedürfnisse eines jeden befriedigt werden, statt umständliche Regeln aufzustellen. Ich würde mich auch vergewissern wollen, ob sich ein Kind sicher genug fühlt, gewisse Auf-

gaben selbstständig zu erledigen, und ihm zu verstehen geben, dass ich stets zur Verfügung stehe, wenn es Hilfe braucht.
Ob es für ein Kind »gesund« ist, Pflichten zu haben, weiß ich nicht. Ich denke eher, dass es für ein Kind wertvoll sein kann, bestimmte Fertigkeiten zu erwerben. Wenn man sich die ersten Male von einem Kind »helfen« lässt, ist das ja in der Regel keine wirkliche Hilfe, sondern es geht darum, dem Kind beizubringen, eine bestimmte Aufgabe zu lösen. Aus diesem Grund beteiligen die meisten Familien, die ich kenne, ihre Kinder nicht daran, beispielsweise das gemeinsame Essen zuzubereiten. In der Regel bereuen sie dies jedoch später.
Wenn ich der Meinung wäre, den Kindern etwas Gutes zu tun, indem ich sie von allen häuslichen Arbeiten fernhalte, würde ich es in Erwägung ziehen, doch glaube ich nun mal nicht daran. Ich bin vielmehr der Überzeugung, dass es das Selbstbewusstsein der Kinder stärkt, wenn sie so früh wie möglich darin unterstützt werden, vieles aus eigener Kraft zu bewerkstelligen.

Eine Mutter, die sich Gedanken macht

Antwort von Jesper Juul:

Alle Eltern stehen vor der grundlegenden Entscheidung, ob sie hilfsbereite oder pflichtbewusste Kinder haben wollen. Beides zugleich zu erreichen ist meiner Erfahrung nach schwierig. Dessen ungeachtet bin ich im Grunde Ihrer Meinung: Es geht darum, ein Gleichgewicht zwischen den Bedürfnissen der Familie im Allgemeinen und den Bedürfnissen der Kinder im Besonderen zu finden.

Doch gibt es noch eine andere Unterscheidung, die ich diesbezüglich wichtig finde. Es geht zum einen um die Verantwortung der Kinder für sich selbst und ihre eigenen Dinge und zum anderen um ihren Beitrag für die Gemeinschaft. In Bezug auf Letzteres besteht kein Zweifel, dass Kinder oder Jugendliche, denen wir die Möglichkeit eines Beitrags für die Gemeinschaft verwehren, dadurch ihre persönliche Würde verlieren.

Eine typische Ursache für Konflikte zwischen Erwachsenen und Jugendlichen besteht darin, dass die Eltern nicht unterscheiden zwischen der Verantwortung des Teenagers für sich selbst und seine eigenen Sachen, die eine Selbstverständlichkeit sein sollte, und der Verantwortung gegenüber der Gemeinschaft.

Letzteres bringt oft Probleme mit sich, weil die Jugendlichen in dieser Hinsicht wenig Begeisterung zeigen und diesen Aufgaben nur sehr unwillig nachkommen. Wenn beide Seiten dies akzeptieren und damit leben können, ist das Problem gelöst – es sei denn, es handelt sich um Teenager, denen in den ersten 13 Jahren jede Eigenverantwortung verwehrt wurde.

Was jüngere Kinder anbelangt, bin ich mit Ihnen einer Meinung, dass sich der Einsatz nach den Fähigkeiten richtet – vor allem den körperlichen. Denn es stärkt sowohl das Selbstvertrauen als auch das Selbstgefühl, wenn Kinder möglichst oft dazu ermuntert werden, sich selbst zu helfen.

Damit kann man beginnen, wenn ein Kind etwa zwei Jahre alt und zudem topmotiviert ist.

In der Zeit, als autoritäre Einstellungen und Verhaltensweisen von Erwachsenen die Regel waren, haben Eltern folgende Dinge gesagt: »Räum diese Unordnung auf! Und ich meine jetzt! Häng den Mantel auf, wo er hingehört … sofort!« Auch heute erleben wir es noch, dass Kinder als obstruktiv, trotzig und rebellisch bezeichnet werden, wenn sie ihre persönliche Integrität zu schützen versuchen, indem sie »Nein« zu Befehlen sagen. Da Kinder mit wenig Erfahrung und bewusstem Wissen darüber geboren sind, was in ihrem eigenen besten Interesse ist, gelten ihre Einwände eigentlich nicht so sehr dem Inhalt von dem, was die Erwachsenen von ihnen wollen oder nicht wollen. Sie leisten lediglich Widerstand gegen die Erwartung, dass sie einfach gehorchen, und gegen den Verlust ihrer Würde.

In diesem Zusammenhang stoße ich oft auf das Problem, dass elterliche Fürsorge traditionell mit »Hilfsmaßnahmen« verwechselt wird, die weder erwünscht noch notwendig sind. Viele Erwachsene ärgern sich beispielsweise darüber, wenn ich fordere:

Jedem Jugendlichen sollten, wenn er oder sie etwa 13 Jahre alt ist, folgende Verantwortungsbereiche übertragen werden:

- für seine Kleidung – also Ordnung halten, waschen, eventuell bügeln und die Kleidung in den Schrank räumen
- für sein Essen – was die Fähigkeiten einschließt, selbstständig einzukaufen und sich bei Bedarf eine eigene Mahlzeit zuzubereiten
- für seine Arbeit – also Schule und Freizeitjobs
- für seinen Transport
- für seine Freizeit

Dass ein junger Mensch in diesen Bereichen für sich selbst verantwortlich ist, bedeutet nicht, dass er diese Tätigkeiten von nun an völlig allein erledigen muss. Es bedeutet nur, dass er für sie zuständig ist, andere Familienmitglieder aber jederzeit um Hilfe bitten kann.

Er muss also nicht jeden Tag einkaufen und sich selbst etwas zu essen machen, sollte aber seine Verantwortung kennen und sich des Privilegs bewusst sein, wenn andere diese Dinge für ihn erledigen. Es bedeutet auch nicht, dass er seine Hausaufgaben stets allein erledigen muss, doch liegt es in seiner Verantwortung, andere um Hilfe zu bitten, falls dies nötig ist.

Es ist eine bemerkenswerte Tatsache, dass Jugendliche diese Prinzipien stets gutheißen, wohingegen ihre Eltern entweder verärgert darüber sind oder darauf bestehen, die Verantwortung – und damit ihre Macht – zu bewahren.

Wie bei anderen Themen bin ich nicht in der Lage, zu sagen, was »das einzig Richtige« ist. Wenn es allen in der Familie gut geht und sich der Konfliktpegel auf einem normalen Level befindet, gibt es keinen Grund, etwas zu ändern. Kommt es jedoch zu häufigen Konflikten um diese Themen, so können die beschriebenen Prinzipien allen eine große Hilfe sein.

Zum Schluss noch eine Bemerkung zu Pflichten: Jede Gemeinschaft lebt davon, dass sich ihre Mitglieder verpflichtet fühlen, etwas zur Gemeinschaft beizutragen (ganz im Gegensatz zum »Lustprinzip«). Ich habe nichts dagegen, wenn Eltern ihre Kinder zu gewissen Tätigkeiten verpflichten, weil diese für das Funktionieren der Familie unerlässlich sind. Doch begegne ich Eltern mit Skepsis, die ihren Kindern Pflichten mit der Begründung aufbürden, sie seien gut für ihre Entwicklung.

Undankbarer Teenager

“

Ich bin alleinerziehende Mutter einer 14-jährigen Tochter. Ihr Vater und ich haben uns getrennt, als sie vier Jahre alt war. Meine Tochter hat zwischen dem achten und zwölften Lebensjahr jede zweite Woche bei ihrem Papa gewohnt. Als sie auf der weiterführenden Schule anfing, wollte sie lieber ganz bei mir wohnen und ist seitdem an jedem zweiten Wochenende bei ihrem Vater. Das ist die praktikabelste Lösung, weil er ein Stück entfernt wohnt.

Ich wecke meine Tochter jeden Morgen, mache ihr Frühstück und schmiere ihr Schulbrot. Meine Tochter hat Asthma. Obwohl sie Medizin dagegen nimmt, kommen die Asthmaanfälle in regelmäßigen Abständen. Ein Homöopath riet uns vor zwei Jahren, ihre Ernährung umzustellen. Meine Tochter ist nicht gerade begeistert von dieser »Steinzeiternährung« (ohne Milch und Mehl). Ich sorge mich wegen ihres Asthmas und habe sie gedrängt, ihre Ernährung möglichst schnell umzustellen. Dennoch weiß ich natürlich, dass ich geduldig sein muss. Ich habe das Gefühl, dass wir in einen Teufelskreis geraten sind: Ich ermahne sie ständig wegen ihrer Ernährung und bin doch diejenige, die dafür zuständig ist. Sie wird immer gereizter. Außerdem empfinde ich es so, dass ich mich für sie völlig verausgabe, ohne dass sie dies wertschätzt. Inzwischen sagt sie, dass sie zu ihrem Papa ziehen würde, wenn der nicht so weit weg wäre. Dieser hat selbst Asthma und baga-

tellisiert ihre Anfälle. Sie weiß, dass wir uns nicht einig sind, was ihre Behandlung angeht. Aufgrund einer früheren Lese- und Rechtschreibschwäche ist es auch erforderlich, ein wachsames Auge auf Schule und Hausaufgaben zu haben.
Ich fühle mich erschöpft und verzweifelt. Seit meiner frühesten Kindheit war ich immer lieb und nett und nachgiebig und lasse mich leicht von anderen dominieren. Noch heute fällt es mir schwer, mich deutlich zu artikulieren und Grenzen zu setzen. Auch habe ich das Gefühl, dass meine Tochter dies auszunutzen versteht. Was soll ich tun?

Eine Mutter, die nicht mehr weiterweiß

Antwort von Jesper Juul:

In Ihrem Fall möchte ich sagen: »Geben Sie Ihr Projekt auf, dann geht's Ihnen besser!« Damit meine ich die Ernährungsumstellung Ihrer Tochter, die ja eigentlich *Ihr* Projekt ist – Geduld hin oder her. Trotz Ihres Bemühens, Ihre »Grenzenlosigkeit« zu überwinden, um denen, die Sie lieben, nicht mehr zum Opfer zu fallen, sind Sie in eine Situation geraten, die Millionen europäischer Teenagereltern nur allzu gut kennen: Sie lassen einem Kind Fürsorge, Medizin und Serviceleistungen zukommen, doch Körper und Mund dieses Kindes sagen zunehmend: »Nein danke!« Sie antworten darauf mit Geduld, Motivation, Überredungskünsten und Argumenten, doch je mehr Sie es versuchen, desto lauter wird das »Nein!« Ihrer Tochter. Und vielleicht wird sie demnächst nicht nur all Ihre schönen Angebote, sondern Sie selbst ablehnen und zu ihrem Vater ziehen.

Das ist für Sie beide eine unerträgliche Situation, die sehr zulasten Ihrer Beziehung geht. Deshalb würde ich mich möglichst rasch mit ihr zu einem Gespräch zusammensetzen und sagen:

»Endlich habe ich begriffen, dass du vieles von dem, was ich dir geben will, weil du mein Kind bist, weil ich dich liebe und mich um dich sorge, nicht haben willst. Es tut mir leid, dass ich so lange gebraucht habe, um das zu verstehen, weil es uns eine Menge Konflikte erspart hätte, doch nun bin ich so weit, und ich möchte dir deshalb heute Folgendes sagen:

Es gibt drei wichtige Punkte, in denen ich versucht habe, Verantwortung für dein Leben zu übernehmen: die Schule, deine Gesundheit und das morgendliche Aufstehen. Ich habe gemerkt, dass mir dies im Laufe der Zeit immer weniger Freude bereitet, dass ich im Gegenteil sogar zunehmend gereizt und böse auf dich werde, und das will ich nicht. Obwohl ich mir große Sorgen mache, übergebe ich dir hiermit die Verantwortung. Das bedeutet, dass du ab sofort selbst dafür verantwortlich bist, morgens aus dem Bett zu kommen, deine Medizin zu nehmen, für deine Ernährung und für die Schule Sorge zu tragen. Ich finde selbst, dass dies von einer 14-Jährigen ziemlich viel verlangt ist, deshalb biete ich dir meine Hilfe an, wann immer du diese Hilfe haben willst.«

Sagen Sie dies freundlich und liebevoll zu Ihrer Tochter und lassen Sie Ihren Tränen gern freien Lauf, doch vermeiden Sie alle direkten oder indirekten Vorwürfe.

Sparen Sie sich jede Kritik, und nötigen Sie Ihrer Tochter, was die Zukunft betrifft, keine Versprechungen ab. Sie wird die Verantwortung erst übernehmen, wenn Sie diese abgelegt haben.

Wenn Kinder – so wie Ihre Tochter – an chronischen Krankheiten leiden, beschwört das immer besondere Ängste herauf, weil ohne die richtige Medizin oder Behandlung schnell eine lebensbedrohliche Situation entstehen kann. Doch auch in anderen Fällen steht die Lebensqualität von Kindern auf dem Spiel.

Wenn Ihre Tochter die Verantwortung von Ihnen bekommen hat, wird sich vielleicht zeigen, dass sie damit in mancher Hinsicht überfordert ist. Dann können Sie Ihre Hilfe anbieten, aber tun Sie das nie, um sich selbst oder Ihr Gewissen zu beruhigen! Falls Sie es doch tun, dann sind Sie auch für die entstehenden Konflikte verantwortlich, denn der Preis für Ihre Gewissensberuhigung wird sein, dass Ihre Tochter sich inkompetent und schuldig fühlt.

Zu welchem Zeitpunkt Jugendliche umfassende Eigenverantwortung übernehmen sollen, variiert von Familie zu Familie. Der letztmögliche Zeitpunkt ist ein paar Wochen oder Monate, nachdem es zwischen Eltern und Kindern zu destruktiven Konflikten gekommen ist – also zu Konflikten, bei denen man sich im Kreis dreht und deren Ton immer negativer wird. Oder wenn Erwachsene sich als Opfer ihrer Kinder fühlen.

Die Übertragung der Verantwortung muss unbedingt ernst gemeint sein! Sie darf weder ein Trick noch eine Strategie sein, sondern muss der Einsicht der Erwachsenen entspringen, dass ihre bisherigen Versuche – nicht ihre Kinder! – missglückt sind.

Sie können sich entschließen, mit Ihrer Tochter Kämpfe auszufechten, oder aber ihre »Unverantwortlichkeit« als Möglichkeit betrachten, sich der letzten Reste Ihrer eigenen Überverantwortlichkeit zu entledigen und damit die Verantwortung ausschließlich für sich und Ihr eigenes Tun zu übernehmen. Ich hoffe für Sie beide, dass Sie sich für Letzteres entscheiden!

Eifersüchtig auf die neue Freundin des Vaters?

"

Ich habe eine 11-jährige Tochter. Seit ein paar Jahren bin ich geschieden und wohne allein mit meinen Kindern, die ausschließlich bei mir sind. Ihr Vater wohnt weit entfernt und ist beruflich viel unterwegs. Seit einiger Zeit hat er eine neue Freundin, auf die meine Tochter schrecklich eifersüchtig ist. Obwohl er nur das Beste für seine Tochter tut, will sie seine Freundin nicht akzeptieren und aus diesem Grund auch nicht mehr mit ihm zusammen sein. Glücklicherweise gehört sie zu den Kindern, die ihre Gefühle deutlich zum Ausdruck bringen. Sie sagt, dass sie die neue Frau im Leben ihres Vaters hasst. Ich habe von seiner Freundin, die wirklich sehr nett zu meiner Tochter ist, einen durchaus positiven Eindruck gewonnen.
Sollen wir sie selbst entscheiden lassen, ob sie ihren Vater besuchen möchte? Sie weint jedes Mal, wenn ein solcher Besuch ansteht … Ich wünsche mir nichts anderes, als im Interesse meiner Tochter möglichst gut mit dieser Situation umzugehen. Ihr Vater weiß auch nicht genau, wie er sich seiner Tochter gegenüber verhalten soll.
So geht das jetzt seit einigen Monaten, und die Situation wird immer schlimmer. Obwohl unsere Tochter unverschuldet in diese Lage geraten

ist, die ihre Eltern geschaffen haben, ist es doch nicht richtig, dass sie ein so negatives Verhalten anderen Menschen gegenüber an den Tag legt. Wir brauchen wirklich Hilfe, damit sie es in Zukunft leichter hat.

Eine Rat suchende Mutter

Antwort von Jesper Juul:

Eifersucht ist in der Regel ein Cocktail aus unterschiedlichen Gefühlen: Angst (vor Verlust), Trauer und Zorn. Das Mischungsverhältnis kann natürlich verschieden sein, und einiges deutet darauf hin, dass bei Ihrer Tochter der Zorn dominiert. Die Eifersucht hat ihren Grund selten in der Person, gegen die sie gerichtet ist – in diesem Fall die Freundin ihres Vaters.

Hier geht es um das Verhältnis zwischen Vater und Tochter. Soweit ich das beurteilen kann, fühlt sich Ihre Tochter von ihrem Vater offenbar im Stich gelassen – sowohl hinsichtlich der Scheidung an sich als auch hinsichtlich der Tatsache, dass er nur wenig Zeit hat, um mit ihr zusammen zu sein. Es ist auch möglich, dass die Beziehung der beiden von Ihrer Tochter aus stärker war, als sie es vielleicht gezeigt hat, als die Familie noch eine Einheit war.

Ich vermute, dass die Scheidung zwischen den Erwachsenen relativ friedlich und vernünftig ablief und Ihre Tochter daher keinen Platz für ihre Gefühle hatte, weil sie sich der Vernunft ihrer Eltern unterordnete. Es könnte jedoch auch das Gegenteil der Fall sein: dass die Gefühle der Erwachsenen so viel Raum beanspruchten, dass für die Gefühle der Tochter kein Platz mehr war.

Wir Familientherapeuten erleben oft Situationen, in denen beispielsweise ein Vater aufgrund seines schlechten Gewissens derart flexibel und entgegenkommend in Bezug auf die Wünsche seines

Kindes ist, dass seine eigenen Gefühle und Bedürfnisse kaum noch erkennbar sind. Ist dies der Fall, wird die Führungsverantwortung dem Kind zugeschoben. Doch das Kind ist nicht in der Lage, seinem Vater eine klare Botschaft zukommen zu lassen, die sich ungefähr folgendermaßen anhören würde: »Du hast dich entschieden, dich von meiner Mutter scheiden zu lassen und von deiner Tochter wegzuziehen, die dich so sehr liebt. Jetzt musst du die Verantwortung übernehmen, um zu klären, wie es mit uns weitergehen soll. Du musst sagen, was du willst und was du nicht willst und wie unsere Zukunft aussehen soll. Es ist nicht okay, dass du diese Dinge mir überlässt, und es ist überhaupt nicht okay, dass du dir eine Freundin zugelegt hast, ehe du wusstest, wie es mit uns weitergeht. Nimm dich zusammen, Papa!«

Damit habe ich auch gesagt, was Ihr Exmann meiner Meinung nach tun sollte, um die Beziehung zu seiner Tochter zu verbessern.

Ihr Exmann sollte sich viel Zeit für seine Tochter nehmen, um gemeinsam mit ihr herauszufinden, auf welche Art und Weise sie in Zukunft zusammen sein wollen.

Er muss sich aufmerksam anhören, wie ihre Ansichten und Gefühle sind, und Klarheit über seine eigenen Ansichten und Gefühle gewinnen. Welche Gefühle hegt er für sie? Wie soll ihre Gemeinschaft aussehen? Wie viel Zeit will und kann er gemeinsam mit ihr verbringen? Was will er wirklich – ganz unabhängig von ihren Gefühlen und seiner neuen Beziehung? In dieser Hinsicht ist es wichtig, dass er nicht versucht, seine Kinder gleich zu behandeln, sondern sich der Tatsache bewusst ist, dass die Beziehung zu seiner 11-jährigen Tochter etwas Besonderes ist. Denn Sie müssen auch bedenken, dass Ihre Tochter an der Schwelle zum Erwachsenwerden steht und sich in der Pubertät ihr Verhältnis zu beiden Elternteilen verändern wird.

Wichtig ist, dass die Gespräche mit seiner Tochter bei ihm zu Hause stattfinden sollten, wenn seine Freundin nicht da ist. Er sollte mit ihr auch nicht über ihre Gefühle gegenüber seiner Freundin diskutieren. Bis eine Art Dreieinigkeit etabliert werden kann, ist sehr viel Arbeit nötig. Wenn Erwachsene Schwierigkeiten haben, die Notwendigkeit solcher Gespräche einzusehen, dann brauchen sie sich nur vorzustellen, wie es wäre, wenn der Mann seine neue Freundin bei seiner alten Familie einziehen ließe, noch bevor er sich scheiden lässt. Ein solches Verhalten wäre zum Scheitern verurteilt.

Ihre Rolle in diesem Konflikt ist also begrenzt. Sie können Ihrer Tochter helfen, sich über ihre Gefühle in Bezug auf ihren Vater klar zu werden. Ihre wichtigste Funktion besteht jedoch darin, ihr mit Rat, Tat und Empathie zur Seite zu stehen, während die beiden ihre Arbeit tun. In etwa das Gleiche gilt für die Freundin Ihres Exmannes. Sie muss Distanz wahren und ihrem Partner helfen, Klarheit über seine Gefühle und Absichten zu erlangen. Und sie sollte ihn trösten, wenn seine zornige Tochter ihm die kalte Schulter zeigt.

Vor allem aber muss der Vater in Wort und Tat zu einer klaren Haltung finden. Tut er das nicht, geht das Rollenspiel weiter, in dem er den netten Papa und Ihre Tochter das böse Stiefkind gibt.

Es liegt in der Macht des Vaters, zu verhindern, dass seine Tochter mit mangelndem Vertrauen und der Angst, von Männern enttäuscht zu werden, in die Pubertät und das Erwachsenenalter eintritt.

Die häufigste Folge ist das, was fälschlicherweise als »krankhafte Eifersucht« bezeichnet wird. Vielleicht hat er bereits die Möglichkeit einer Freundschaft zwischen seiner Tochter und seiner neuen Partnerin verspielt, doch muss er auch dafür die Verantwortung übernehmen – sie trifft daran keine Schuld.

15 Jahre und ohne Empathie?

"

Ich habe eine Frage, die ein Problem mit meinem jüngsten Sohn betrifft. Er ist inzwischen fast 15 Jahre alt und war schon immer ein recht verschlossener, kritischer und ein wenig egozentrischer Junge, der hohe Ansprüche an sich selbst gestellt hat.
Im letzten halben Jahr hat er in zwei verschiedenen Fällen wesentlich dazu beigetragen, dass Mitschüler gemobbt und schikaniert wurden. Es geht dabei um verbale Herabsetzungen und Mobbing auf Facebook. (Mit diesem Medium sollten sich alle Eltern einmal beschäftigen, um einen Eindruck vom Kommunikationsniveau der Jugendlichen zu bekommen. Ich kann jedem garantieren, dass er schockiert sein wird!)
Ich frage mich: Mangelt es ihm an Empathie, also der Fähigkeit, sich in andere hineinzuversetzen? Oder weshalb verhält er sich so?
Schon im Kindergarten fand er es lustig, andere Kinder zu ärgern. In der Schule verhält er sich eher arrogant, wird aber wegen seines überlegen wirkenden Auftretens und seiner sehr guten schulischen Leistungen von vielen Mitschülern bewundert. In den ersten Jahren an der Schule hat er sich sehr gelangweilt, weil er unbedingt etwas lernen wollte, doch keinerlei Input oder Anregungen bekam. Offensichtlich war er unterfordert, und das Schulsystem hat seine Lernbereitschaft und Begeisterung quasi im Keim erstickt. Deshalb hat auch seine Motivation in diesen Jahren immer mehr abgenommen.

Er war immer sehr sportlich, erfolgreich in der Schule, sieht gut aus und hat auch viele Freunde. Deshalb verstehe ich einfach nicht, warum er den Drang verspürt, schwächere Mitschüler zu ärgern und anderen das Leben so schwer zu machen. Erwachsenen gegenüber ist er dagegen meist sehr höflich und umgänglich.
Wie kommt es, dass er in regelmäßigen Abständen Menschen schikaniert, die ihm gar nichts getan haben? Ist er sich dessen gar nicht bewusst, dass sein Verhalten für andere verletzend ist? Ich habe den Eindruck, dass er gar nicht in der Lage ist, sich in andere Menschen hineinzuversetzen, und das macht mir Angst. Schließlich geht es hier meist um Kinder, die es aufgrund ihrer familiären Situation oder ihres Aussehens schon schwer genug haben, was er genau weiß. Trotzdem schikaniert er sie ohne Grund.
Nach der Scheidung vom Vater meiner Söhne habe ich das alleinige Sorgerecht. Auch mein Exmann zeigt anderen gegenüber keine Empathie. Wenn er an jedem zweiten Wochenende mit meinen Söhnen zusammen ist, schauen sie nur gewaltverherrlichende Filme und hocken vor dem Computer. Kommuniziert wird wenig, es gibt keinerlei Freizeitaktivitäten oder Unternehmungen außer Haus.
Beruflich geht ihr Vater über Leichen, um möglichst viel Geld zu verdienen. Das ist das Wichtigste in seinem Leben, und er ist sogar stolz darauf. Ich habe Angst, dass er mit dieser Lebenseinstellung auch seine Söhne ansteckt (oder bereits angesteckt hat). Sie machen niemals irgendwelche »Jungssachen« miteinander, was ich für die Jungen sehr schade finde.
Mein jüngster Sohn war zum Zeitpunkt, als wir uns scheiden ließen, acht Jahre alt. Doch gibt es meiner Meinung nach keine sichtbaren Zeichen, dass ihm die Scheidung geschadet hat.
Mein um drei Jahre älterer Sohn ist sogar hervorragend mit der Situation klargekommen. Er sagt, er versteht, warum ich nicht mit seinem Vater zusammenleben kann. Er ist sehr lebensfroh und empathisch, aber auch offen und kommunikativ. Auch er war zeitweise dem Mobbing durch Mitschüler ausgesetzt. Als sein kleiner Bruder dies mitbe-

kam, war er damals sehr empört und kritisierte das Verhalten der anderen, war also ursprünglich wohl durchaus zu Mitgefühl fähig.
Meine Frage ist daher, ob Empathie angeboren ist oder erlernt werden kann und, wenn ja, wie?
Nachdem es vor Kurzem wieder zu heftigen Übergriffen meines jüngeren Sohnes gegenüber einem schwächeren Mitschüler gekommen ist – ein schrecklicher Vorfall, der Konsequenzen erforderlich macht –, frage ich mich verzweifelt, wie so etwas zum zweiten Mal geschehen konnte. Ich dachte, er hätte aus dem ersten Vorfall gelernt, weil dieser sowohl in der Schule als auch zu Hause (bei mir) sehr unangenehme Konsequenzen für ihn hatte. Sechs Monate später tut er also dasselbe, wobei die Folgen diesmal noch weitaus ernster waren.
Sind es Komplexe, ein mangelndes Zugehörigkeitsgefühl gegenüber seiner Familie (sein Bruder und ich sind uns sehr ähnlich), das Fehlen einer Vaterfigur, ein negatives Selbstbild oder einfach die Gene?
Beim eigenen Kind, von dessen Vater man sich getrennt hat, so wenig sympathische, dafür aber umso mehr unerwünschte Veranlagungen und Charaktereigenschaften vorzufinden löst bei mir immer wieder drängende Fragen, Selbstvorwürfe und nicht zuletzt heftige Schuldgefühle aus, weil es mir so schwerfällt, dieses Kind zu verstehen und zu lieben. Für guten Rat wäre ich dankbar – es eilt!

Freundliche Grüße von einer sehr besorgten Mutter

Antwort von Jesper Juul:

Wenn Sie mich fragen, ob Empathie genetisch bedingt ist, muss ich Ihnen die Antwort schuldig bleiben. Kinder kommen mit der Fähigkeit zur Empathie auf die Welt und entwickeln (was Fehlentwicklungen einschließt) sich biologisch, das heißt in Abhängigkeit davon, inwieweit sich die Synapsen im Gehirn durch soziale Kontakte ausprägen und miteinander verbinden. Ein wenig vereinfacht lässt sich sagen, dass die Hirnforschung der letzten Jahre die alte Frage »Veranlagung oder Prägung?« mit einem Sowohl-als-auch beantwortet.

Meiner Erfahrung nach haben die meisten Kinder zu einem Elternteil eine besondere Beziehung. Von diesem Elternteil kopieren sie ihr inneres und äußeres Verhalten und lernen, wie man sich – existenziell wie sozial – im Leben verhält.

In Ihrer Familie scheint es so zu sein, dass zwischen Ihnen und Ihrem älteren Sohn sowie zwischen Ihrem Exmann und dem jüngeren Sohn eine solche Verbindung besteht. Falls dies zutrifft, haben Sie in gewisser Hinsicht nur wenig Einfluss, da Ihre Art, dem Leben zu begegnen, für Ihren Jüngsten weniger bedeutungsvoll ist als die seines Vaters, doch deutet nichts darauf hin, dass Ihre Kinder diesbezüglich eine Wahl hätten.

Das heißt allerdings nicht, dass Ihr Einsatz als Erzieherin, Sparringspartner und Rollenvorbild ohne Bedeutung ist. Es heißt nur, dass die Werte, das Verhalten und das Menschenbild des Vaters eine dominierende Rolle spielen. So wie Sie Ihren Mann beschreiben, deutet ja alles darauf hin, dass er sehr zufrieden mit sich selbst ist. Sie können also nicht auf seine Hilfe zählen, wenn es darum geht, das Verhalten Ihrer Söhne zu beeinflussen. Daher habe ich auch keinen konkreten Rat für Sie.

Sie müssen weiterhin für Ihre Werte einstehen, sich aber von der Vorstellung lösen, dass diese allein Ihren Sohn beeinflussen können.

Seine Kindheit und Jugend sind von zwei verschiedenen Menschen beeinflusst worden, und erst im Laufe der nächsten zehn bis fünfzehn Jahre wird er damit beginnen, bewusste Entscheidungen zu treffen und sich persönliche Ziele zu setzen. Sie können darauf hoffen, dass er erwachsenen Männern begegnen wird, die für ganz andere Dinge stehen als sein Vater und für ihn zum Vorbild werden.

Eigentlich verfügen Sie ja über die Dinge – insbesondere Empathie –, die ihm fehlen, um ein besseres Gleichgewicht mit sich und anderen zu finden, doch bisher hat er Sie nicht aktiv zu seinem Rollenvorbild gemacht. Dennoch sind Ihre Liebe und Ihr Engagement für sein (nicht sehr ausgeprägtes) Selbstgefühl von unschätzbarer Bedeutung, und so hätte sich seine Kindheit vermutlich ganz anders entwickelt, hätte er ausschließlich seinen Vater gehabt.

Auch in den nächsten Jahren benötigt er Ihren engagierten Einsatz und nicht zuletzt Ihre Empathie.

Sollten seine Konfrontationen mit der Umwelt häufiger und heftiger werden, können Sie durch Ihre Persönlichkeit dazu beitragen, dass Ihr Sohn sich zu einem verantwortungsvollen Menschen entwickelt.

Smartphone – Fluch oder Segen?

“

Es geht um ein Problemfeld, das sicherlich nicht nur unsere Familie betrifft. Mein Mann und ich sind Eltern einer 8-jährigen und einer 15-jährigen Tochter sowie eines 12-jährigen Sohnes, und wir fragen uns, welchen Platz das Smartphone in unserer Familie einnehmen soll. Können Jugendliche von ihrem Smartphone so abhängig werden, dass man es mit einer Spielsucht vergleichen kann? Und was können Eltern dagegen tun, wenn es so weit ist?

Bei uns in der Familie ist es unsere 15-jährige Tochter, die sich bei jeder Gelegenheit mit ihrem Smartphone beschäftigt. Wenn sie mal eine Pause machen muss, weil wir essen oder gemeinsam etwas unternehmen, wirkt sie unkonzentriert und nervös. Sie hatte es auch auf einer Auslandsreise dabei, und obwohl wir ihr vorher gesagt haben, sie solle nicht ins Internet gehen, kam sie mit einer enorm hohen Rechnung nach Hause. Ständig ist sie darauf bedacht, dass sie guten Netzempfang hat, und will an keinen Ort mehr mitkommen, wo das nicht der Fall ist. Wir haben das Gefühl, sie regelrecht an ihr Smartphone zu verlieren, und spüren eine wachsende Frustration deswegen. Am liebsten würden wir ihr Smartphone einfach in die Mülltonne werfen. Außerdem fragen wir uns, ob sie bereits so abhängig ist, dass sie nicht mehr allein von dem Gerät loskommt und Hilfe durch speziell ausgebildete Therapeuten braucht.

Und, wenn ja, wie können wir ihr helfen? Wir selbst finden Smartphones im Alltag durchaus sehr praktisch, was Unterhaltung, Kommunikation und die schnelle Verfügbarkeit von Informationen angeht. Doch wir Eltern sind – im Gegensatz zu unserer Tochter – problemlos in der Lage, die Geräte einfach mal auszuschalten und für viele Stunden am Tag wegzulegen. Wir würden uns freuen, Ihre Meinung zu diesem Thema zu hören.

Vom Smartphone genervte Eltern

Antwort von Jesper Juul:

Mit diesem Problem sind Sie wahrlich nicht allein. Bis jetzt haben die meisten Eltern in der westlichen Welt entweder aufgegeben, etwas zu unternehmen, wenn ihre Kinder nichts anderes als das Smartphone im Kopf haben, oder sie haben versucht, Regeln und Grenzen zu formulieren, was ebenfalls selten funktioniert und Ursache für viele Konflikte und Streitereien in der Familie ist. Also haben sie Experten befragt – vor allem Neurobiologen und Psychologen –, die auch wenig Konkretes zu sagen wissen und sich gegenseitig widersprechen.

Man muss sich darüber im Klaren sein, dass Smartphones noch so neu sind, dass Familien bisher kaum Gelegenheit hatten, diesbezüglich eine Kultur des Umgangs zu entwickeln. (Beim Fernsehen dauerte es etwa 40 Jahre.)

Wie immer sind es die Erwachsenen, die durch ihren eigenen Umgang mit Handys das allgemeine Verhalten prägen.

In meiner Ursprungsfamilie waren wir es gewohnt, dass mein Vater zwischen 17.30 und 18.00 Uhr Zeitung las. Nach dem Abendessen saß er dann von 19 Uhr an bis zum Sendeschluss vor dem Fernseher. Im Laufe der Jahre gesellte sich auch meine Mutter dazu.

Handys waren am Anfang Werkzeug und Spielzeug für den Mann. Die Frauen standen diesen Geräten bis Mitte der 90er-Jahre eher skeptisch gegenüber, haben die Männer seitdem aber in jeder Hinsicht – Anzahl der Handys, Häufigkeit des Gebrauchs, womöglich auch Missbrauch – überholt.

Die große ungeklärte Frage lautet meines Erachtens: Warum herrscht einerseits so ein riesiger Hunger nach sozialen Kontakten, während andererseits so viele versuchen, einem engen Kontakt mit Partnern und Kindern aus dem Weg zu gehen?

Als ich im Jahr 2003 folgenden Vorschlag für eine Medienkultur in der Familie formulierte, hat mir das wenig Sympathien eingebracht. Denn es bringt einem viel mehr Prestige ein, sich um die Kinder zu kümmern, als die Erwachsenen »erziehen« zu wollen. Aber hier muss man bei den Erwachsenen anfangen.

Ich forderte:

- Schalten Sie Ihr Handy ab, wenn Sie Ihre Kinder zum Kindergarten / zur Schule bringen und wenn Sie sie von dort wieder abholen, egal ob Sie mit dem Auto fahren oder zu Fuß gehen.
- Schalten Sie Handy, Fernseher, iPad und Radio ab, wenn sich die Familie am Esstisch versammelt.
- Führen Sie an Wochenenden und in den Ferien, die Kinder und Erwachsene gemeinsam verbringen, eine tägliche »Medienzeit« ein, in der es okay ist, im Internet zu surfen, zu chatten und E-Mails zu schreiben. Die übrige Zeit des Tages bleibt das Handy aus.

• Nehmen Sie niemals ein eingeschaltetes Handy mit ins Bett – es sei denn, ein Familienmitglied soll ausdrücklich die Möglichkeit haben, Sie jederzeit zu erreichen.

Ich weiß aus Erfahrung, dass dies kein Problem ist, wenn die Kinder es von klein auf gewohnt sind und die Eltern sich selbst daran halten. In der Regel tun sie das, weil sie dieses Verhalten als Gewinn auf allen Ebenen erleben. Wenn ein Kind schon so alt ist wie Ihre Tochter, gestaltet sich die ganze Sache natürlich schwieriger.

Ohne Ihre Familie oder Ihre Beziehung zu Ihrer 15-jährigen Tochter zu kennen, möchte ich vorschlagen, mit größter Ehrlichkeit und Offenheit vorzugehen. Sagen Sie Ihrer Tochter genau das, was Sie mir geschrieben haben. Laden Sie sie ein, darüber nachzudenken und eine mögliche Alternative zu formulieren. Tut sie das nicht, müssen Sie den Kampf als verloren betrachten und überlegen, wie Sie sich den jüngeren Geschwistern gegenüber verhalten.

Es besteht kein Zweifel, dass sich viele Teenager in diesem neuen sozialen Universum wohlfühlen. Und wenn wir unterwegs sind, sehen wir ja die vielen Handynutzer, die immer online sind, ihre Nachrichten checken oder mit jemandem telefonieren.

Haben Mobiltelefone unser soziales Leben bereichert, oder bieten sie uns nur eine weitere Möglichkeit, die eigentlich bestehende Einsamkeit zu verdrängen?

Ich selbst bin vermutlich zu alt, um diese Frage beantworten zu können, doch vielleicht können uns die heutigen 15-Jährigen helfen, wenn sie 20 oder 25 Jahre alt geworden sind.

Gib die Hoffnung auf, dann geht's dir besser!

»

Ich weiß nicht, ob Sie mir helfen können, doch weiß ich nicht, wen ich sonst fragen soll. Meine Cousine leidet an einer ungewöhnlichen Essstörung. Sie weigert sich komplett, Obst und Gemüse oder irgendwas Frisches zu essen. Sie ist 15 Jahre alt, und ich finde, dass sie alt genug ist, um die Verantwortung für ihren Körper zu übernehmen, dafür, was sie isst oder was nicht. Ihre alleinerziehende Mutter hat ihr sogar Geld angeboten, wenn sie auch nur eine einzige Traube isst. Meine Cousine hat abgelehnt.

Sie hat mir erzählt, dass sie sich jedes Mal übergeben muss, wenn sie sich irgendwas »Grünes« in den Mund steckt. Dass sie weder den Geschmack noch die Konsistenz mag und es ihr deshalb unmöglich ist, so was zu essen. Ich habe schon versucht, sie mit Dingen, die sie mag, zu bestechen. Sie isst fast nur verarbeitete Lebensmittel wie Kartoffelbrei, Würstchen, Tacos, Pizza mit Schinken und Käse, Croissants und Brötchen aus Weißmehl (kein Vollkorn!), Tomatensuppe, Nudeln und alles, was sich aus Schokolade herstellen lässt (Muffins, Kuchen, Kekse). Obstkuchen dagegen kommt nicht infrage (auch kein Karottenkuchen), ebenso wenig wie Sahnetorte mit Erdbeeren, Joghurt mit

Fruchtstücken oder Orangensaft mit Fruchtfleisch. Sämtliches Obst, selbst Erdbeeren, Bananen und Äpfel, ist absolut tabu. Nur Kartoffeln, die sind für sie okay.

Sie ist selten krank, versucht aber auch nicht, sich die Vitamine, die ihr durch die Nahrung entgehen, auf andere Weise zuzuführen. Seit fünf Jahren hat sie keinen Fisch gegessen. Zudem ist sie übergewichtig (etwa 70 Kilo bei einer Größe von 1,45 m bis 1,50 m) und hat wenig Muskelmasse. Sie treibt schon seit einer Weile keinen Sport mehr und verbringt viel Zeit vor dem Computer beziehungsweise vor dem Fernseher. Es gibt Anzeichen dafür, dass sie im Internet gemobbt wird, doch ganz sicher bin ich mir nicht.

Jetzt frage ich mich, ob ich irgendwas tun kann. Die Familie meiner Cousine hat schon einiges versucht und ist eigentlich immer davon ausgegangen, dass sich das Problem (das begann, als meine Cousine zwei Jahre alt war) schon irgendwann von allein lösen würde, was jedoch nicht der Fall ist. Wenn ich darüber reden will, bekomme ich zu hören, ich solle mich nicht einmischen, das gehe mich nichts an.

Eine frustrierte Cousine

Antwort von Jesper Juul:

Ich habe mal ein Graffito mit folgendem Schriftzug gesehen: »Gib die Hoffnung auf, dann geht's dir besser!« Das ist in Kurzform auch der Rat, den ich Ihnen geben kann. Damit meine ich die Hoffnung aller, dass Ihre Cousine plötzlich das essen wird, was sie ihr ganzes Leben lang verweigert hat. Obwohl ich Ihre Besorgnis sehr gut verstehe, muss ich doch feststellen, dass in Ihrer Familie ein Teufelskreis entstanden ist, zu dem auch die vielen guten Ratschläge gehören, die bei Ihrer Cousine nicht die geringste konstruktive Wirkung haben.

Wenn Sie damit fortfahren, ist die Gefahr groß, dass Ihre Cousine eine reguläre Essstörung entwickelt. (In ihrem Fall wäre eine Bulimie am wahrscheinlichsten, das heißt, sie wird irgendwann anfangen, das massenhaft in sich hineinzustopfen, was ihr am besten schmeckt, und es danach wieder erbrechen.)

Was am Anfang eine ganz normale Ablehnung bestimmter Nahrungsmittel war, hat sich im Laufe der Zeit zu einer äußerst problematischen Familiensituation entwickelt, in der Ihre Cousine als immer »eigentümlicher« betrachtet und zunehmend isoliert wurde. Sie bekommt bestimmt jede Menge »Aufmerksamkeit«, doch ist diese stets auf das gerichtet, was sie nicht ist (= nicht isst), und so richtet sich der Fokus allmählich auch auf ihr Übergewicht und ihre Passivität. Ihr Bedürfnis, als der Mensch »gesehen« zu werden, der sie ist, wird immer weniger befriedigt.

Kinder, die sich nicht »gesehen« fühlen, entwickeln zum Essen oft eine andere Beziehung als die übrigen Familienmitglieder. Das geschieht, weil das Essen das größte Symbol der Liebe ist, das wir in unserer Kultur kennen.

Sie war zu jung, als es begann, und jetzt hält es schon so lange an, dass sie sich vermutlich nicht mehr an die Gedanken und Gefühle von damals erinnern kann. »Aber wir lieben sie doch alle!«, werden ihre Eltern jetzt bestimmt sagen, was ich ihnen natürlich glaube. Manchmal müssen wir hart daran arbeiten, um zu lernen, unsere liebevollen Gedanken in liebevolles Handeln umzusetzen – ein Handeln, das vom Empfänger auch als liebevoll erlebt wird.

Die große Aufmerksamkeit, die Ihre Cousine aufgrund ihrer Essgewohnheiten erlebt, war und ist liebevoll gemeint, doch kann ich garantieren, dass sie dies nicht als liebevoll empfindet. Eigentlich weiß sie natürlich, dass alle nur ihr Bestes wollen, doch ihre emotionale Einsamkeit nimmt zu – ein großes Dilemma, das das Selbstgefühl kleinerer und größerer Kinder massiv beeinträchtigt.

»Aber es ist so schwierig, dich so zu sehen!«, sagen wir, und wenn sie könnte, würde sie entgegnen: »Dann seht besser hin!« Das ist genau der Dialog, der jetzt stattfinden muss. Vor allem zwischen Ihrer Cousine und ihren Eltern, aber auch zwischen Ihrer Cousine und Ihnen. Denn statt eine Person zu sein, ist Ihre Cousine in ihrer Familie längst zu einem Phänomen geworden.

Der erste Schritt zu einem konstruktiveren Verhalten besteht darin, Ihrer Cousine die alleinige Verantwortung für ihre Essgewohnheiten zurückzugeben. Für den Rest ihres Lebens ist es daher allen anderen verboten, diese Essgewohnheiten oder ihr Gewicht zu kommentieren. Das ist ihre Sache – und damit basta!

Ihre Beschreibung macht mich allerdings skeptisch, ob solch ein Verbot durchzuhalten wäre, darum braucht Ihre Cousine Hilfe für ihre Seele. Ihre Eltern könnten schauen, ob es in ihrer Nähe einen Jugendtherapeuten oder einen erfahrenen Psychologen gibt, der ihr helfen könnte. Jemand, der weiß, dass Essstörungen niemals vom Essen, sondern von emotionaler Nahrung handeln. Für Ihre Cousine sollte dies nur ein Angebot sein, für das sie sich frei entscheiden kann, und sie sollte den Zeitpunkt für eine Therapie selbst bestimmen. Die Welt ist voll von unglücklichen Menschen, denen solche Maßnahmen gegen ihren Willen aufgenötigt und aufgezwungen werden, ehe sie selbst dazu bereit sind.

Ich weiß Ihr Engagement für das Wohlergehen Ihrer Cousine sehr zu schätzen und bin sicher, dass sie das auch tut. Sagen Sie ihr, dass Sie ihr helfen möchten, und zeigen Sie ihr auch gerne unseren Briefwechsel. Zwei Fragen sollten dabei im Mittelpunkt Ihres Gespräches stehen: Ist sie an Ihrer Hilfe interessiert? Und wie können Sie ihr ihrer Meinung nach am besten helfen? Überlassen Sie es Ihrer Cousine, zu entscheiden, welche Art von Hilfe sie braucht, und geben Sie ihr genug Zeit, um festzustellen, dass sie sich eventuell geirrt hat – dann fragen Sie einfach später noch mal nach.

Teenagerqualen

“

Ich schreibe Ihnen, weil ich mir Sorgen um meinen 14-jährigen Sohn mache. Ich habe große Zweifel, ob wir ihn richtig erziehen. Er ist ein Nachkömmling, seine beiden älteren Brüder sind schon erwachsen und wohnen nicht mehr zu Hause.

Wir haben unseren Jüngsten nun schon mehrmals beim Rauchen erwischt, er selbst beteuert allerdings, nicht zu rauchen. Wir haben ihm deutlich gemacht, dass wir dieses Verhalten auf keinen Fall akzeptieren können, und haben ihm Hausarrest aufgebrummt, was bedeutet, dass er keinen Besuch von seinen Freunden haben und diese auch selbst nicht besuchen darf. So haben wir es mehrmals gehalten, die Dauer betrug jedes Mal ein bis zwei Wochen.

Außerdem haben wir ihn dabei erwischt, wie er mit einem Freund Alkohol in einer eigentlich alkoholfreien Diskothek getrunken hat. Auch in diesem Fall haben wir ihm klargemacht, dass wir es nicht akzeptieren können, wenn ein 14-Jähriger Alkohol trinkt, und erneut Hausarrest ausgesprochen..

Sein bester Freund ist seit Kurzem ein Junge gleichen Alters, der in seine Parallelklasse geht. Er ist im Herbst in unsere Stadt gezogen. Dieser Junge raucht und hatte auch den Alkohol dabei, den sie getrunken haben. Über den Vater des Jungen wird gemunkelt, dass er vielleicht kriminell ist. Und er wird mit Drogengeschäften in Verbindung gebracht. Ich habe meinem Sohn erklärt, dass ich das für keine gute Gesellschaft halte und auch Angst wegen der Drogen habe. Daraufhin wurde mein Sohn wütend und traurig und sagte, er sei nun mal sein bester Freund, und wenn wir das nicht zulassen würden, hätte er niemanden mehr. Eigentlich ist unser Sohn in seiner Klasse kein Außenseiter, aber er hat nur zu diesem Jungen aus der Parallelklasse einen engen Kontakt und will sicher auch auf die anderen Mitschüler einen »coolen« Eindruck machen.

Leider treibt unser Jüngster zurzeit keinen Sport. Früher hat er mal Judo gemacht. Wir haben versucht, ihn zu irgendeiner Sportart zu animieren, aber er hat keine Lust und findet so natürlich auch keine neuen Freunde. Er ist ein bisschen stämmig und war leider schon immer ein Bewegungsmuffel. Wir Eltern hingegen sind ganz anders. Wir gehen joggen und fahren Fahrrad. Ich habe meinem Sohn sogar schon Geld dafür gezahlt, wenn er mich beim Joggen mit dem Fahrrad begleitet hat.

Der Unterrichtsstoff in der Schule bereitet ihm keine Probleme, doch ist er leider ziemlich faul und tut nur das Nötigste. Jetzt fragen wir uns, ob wir ihn nach der achten Klasse auf ein Internat geben sollen, um ihn der schlechten Gesellschaft, in die er geraten ist, zu entziehen, doch im Grunde finde ich diese Maßnahme ein wenig verfrüht. Er selbst würde, so sagt er, durchaus gern aufs Internat gehen.

Wir haben ihm verboten, seinen Freund zu besuchen, da wir das Gefühl haben, dass dieser von seinen Eltern vernachlässigt wird beziehungsweise ihm zu wenig Grenzen gesetzt werden. Wir haben ihm jedoch auch gesagt, dass sein Freund, sooft er mag, zu uns kommen kann, was er auch tut, sofern unser Sohn keinen Hausarrest hat. Dieser ist sauer, dass er seinen Freund nicht besuchen darf, und sagt, sie hätten keine Lust, immer nur bei uns zu sein. Ich mache mir große Sorgen, wie das alles weitergehen soll und mit was für »Stoffen« sie im Elternhaus des anderen in Berührung kommen könnten. Die beiden wollen einfach cool sein und zeigen, dass sie sich etwas trauen.

Zu den beiden hat sich in letzter Zeit noch ein dritter Junge gesellt, der ebenfalls in die Parallelklasse geht. Die drei fühlen sich als eine Art Gang und reden sich mit erfundenen Namen an. Ich bin Krankenschwester und habe mit meinem Sohn wiederholt über die schädlichen

Wirkungen gesprochen, die Zigaretten, Alkohol und andere Drogen auf den Körper haben. Dazu sagt mein Sohn nur, das wisse er alles, was ich mir wiederum nicht anhören will. Mein Sohn sagt auch, dass er Rauchen schön findet und auf jeden Fall anfangen will, wenn er 18 ist. Ein gleichaltriges Mädchen aus dem weiteren Familienkreis hat seinen Eltern erzählt, mein Sohn habe gesagt, er wolle auch mal Haschisch ausprobieren, wozu ich nicht Stellung beziehen kann, weil ich das Mädchen nicht verpetzen will. Zu mir sagt mein Sohn natürlich, dass er Drogen niemals ausprobieren würde.
Sein Freund hat neulich ein Kokainfoto gepostet, neben das er »just take it« geschrieben hat. Es kann natürlich sein, dass er damit nur angeben will. Doch bei mir verstärkt es natürlich die Sorge um meinen Sohn, der im Grunde ein lieber und guter Junge ist, der auch gern aus seinem Alltag erzählt. Ich frage ihn oft, was das Schönste und was das Schlimmste war, das er heute erlebt hat – auf diese Weise erfahre ich zumindest ein wenig von dem, was in ihm vorgeht. Danach erzähle ich ihm auf dieselbe Weise von meinem Tag, und wir unterhalten uns über unsere Erlebnisse. Dennoch habe ich das Gefühl, dass unser Verhältnis festgefahren ist. Was raten Sie mir?

Eine besorgte Mutter

Antwort von Jesper Juul:

So gut ich Ihre Besorgnis und Ihr Bemühen, Ihren zu Sohn zu »erziehen«, auch verstehe, muss ich Sie doch davor warnen, dass Sie sich momentan auf dem Weg in einen Teufelskreis befinden, in den viele Eltern und ihre Teenager im Laufe der Zeit geraten. Die Folgen sind immer unglückselig – wenn sie auch nicht automatisch besonders ernst und langwierig sein müssen.

Wenn Kinder in die Pubertät kommen, ist es prinzipiell zu spät, sie zu erziehen, doch durchaus noch möglich, konstruktiven Einfluss auf ihr Verhalten, ihr Wohlergehen und ihre Entwicklung zu nehmen.

Dies erfordert, dass Sie die wohlmeinende Form »besserwisserischer« Erziehung einstellen, die Ihr Sohn bisher benötigt hat und mit der er offenbar auch gut klarkam. Von nun an müssen Sie seine »Sparringspartnerin« sein, die ihm ein Feedback auf sein Verhalten zukommen lässt, und zwar auf Grundlage Ihrer Kenntnis seiner Persönlichkeit und Ihrer eigenen Wertvorstellungen. Als Sparringspartner werden Trainingspartner beim Boxen bezeichnet, die maximalen Widerstand leisten, aber minimalen Schaden anrichten. Sagen Sie ihm, was Sie mögen und was nicht, worin Sie ihn unterstützen und worin nicht. Doch sagen Sie es nur ein einziges Mal, und glauben Sie mir: Dies macht viel größeren Eindruck als ewige Wiederholungen und ein ständig besorgter Gesichtsausdruck. Die Voraussetzung ist, dass Sie immer noch sein Vertrauen haben. Und Sie können sich – im Gegensatz zu vielen anderen Eltern – in Ihrer Situation glücklich schätzen, es zu haben.

Für den Rest seines Lebens werden Sie eine Art Sicherheitsnetz für ihn sein – jemand, der ihm stets Unterstützung, Hilfe und Fürsorge zukommen lässt, wenn er mit den großen und kleinen Problemen des Lebens kämpft.

Er wird mit größter Wahrscheinlichkeit sein Verhältnis zu Dingen wie Drogen, Alkohol, Pornografie, schlechten Freunden und all dem anderen, vor dem wir Eltern berechtigte Angst haben, erproben.

Wie diese Erprobungen ausfallen, hängt zu 75 Prozent von dem Fundament ab, das er mit Ihrer Hilfe in seinen ersten zehn Lebensjahren aufgebaut hat, und zu 25 Prozent davon, wie Sie ihm in den kommenden vier bis fünf Jahren begegnen. Er braucht jetzt vor allem drei Dinge: Vertrauen, Vertrauen und nochmals Vertrauen! Ihr Vertrauen darauf, dass er das Beste tut, das ihm möglich ist – und zwar auf der Grundlage dessen, was Sie ihm mitgegeben haben, was für ein Mensch er geworden ist und im Begriff ist zu werden.

Geben Sie ihm Ihre Liebe und haben Sie Vertrauen zu Ihrem Sohn – auch wenn es nahezu unmöglich erscheint.

Je mehr Sorgen Sie sich machen und ihn zu kontrollieren versuchen, desto stärker wird er sich abkapseln, und desto öfter wird er Sie anlügen. Setzen Sie Ihre Grenzen, so wie Sie es bei seinem besten Freund getan haben, doch versuchen Sie nicht, über ihn zu bestimmen oder seine persönlichen Entscheidungen zu beeinflussen.

Wie schon erwähnt, haben bereits viele Eltern das versucht, was Sie versuchen. Doch wenn Sie diese Eltern fragen, werden Sie feststellen, dass kaum jemand mit dieser Strategie erfolgreich war.

Persönliche Gespräche oder Behördenumwege?

»

Ich bin die Klassenlehrerin von Thomas, der 14 Jahre alt ist. Am Mittwoch nach dem Unterricht hat er um ein Gespräch mit mir gebeten. Wir setzten uns ins leere Klassenzimmer, und dann erzählte er mir, dass mit seinen Ohren etwas nicht stimmen könne. Er sagte, er habe vor Kurzem eine Gehöruntersuchung mit dem Ergebnis bekommen, dass alles in Ordnung sei. Er wundere sich jedoch darüber, denn: »Wenn die Leute mir etwas erzählen, dann werden ihre Stimmen sehr schnell monoton und langweilig.« Dann könne er sich nicht mehr darauf konzentrieren und wisse hinterher nicht, was sie gesagt haben.
Ich erläuterte ihm, dass mit dem Körper seltsame Dinge vor sich gehen können, wenn man beispielsweise traurig sei oder ein großes Problem habe, über das man viel nachdenken müsse. Dann nehme man die Stimmen der anderen nicht mehr so deutlich wahr. Thomas bestätigte, genau das sei bei ihm der Fall. Das Unternehmen seines Vaters sei vor ein paar Jahren pleitegegangen, und nun sei sein Vater »schizophren« geworden und in einer psychiatrischen Klinik. Das beschäftige ihn sehr. Auch seine Mutter, die sich zusätzlich um seine zwölf Monate alte Schwester kümmern müsse, sei deswegen sehr traurig.

Ich fragte ihn, ob er mit jemandem darüber sprechen wolle, und er antwortete: »Ja, das will ich gern.«Daher empfahl ich ihm, dass er am besten mit dem Schulpsychologen sprechen soll und möglichst auch seine Mutter zu dem Gespräch hinzukommen soll.

Am nächsten Tag bat ich den Schulpsychologen, sich der Sache anzunehmen. Er versprach, sich umgehend um Thomas zu kümmern, da es in der Vergangenheit schon mehrere heftige Vorfälle gab, in die der Junge verwickelt war.

Später am Tag erhielt ich einen Anruf von Thomas' Mutter. Sie war sehr empört und fragte, ob ich der Meinung sei, dass ihr Sohn eine »psychische Krankheit« habe. Ich entgegnete ihr, sie solle stolz auf Thomas sein, weil dieser den Mut gehabt habe, mit mir über sein Problem zu sprechen und von sich aus um Hilfe zu bitten. Schließlich willigte die Mutter ein, zu dem Gespräch in die Schule zu kommen.

Am Freitagnachmittag kam Thomas zu mir ans Lehrerzimmer. Er erzählte, seine Mutter sei sehr sauer gewesen, als er von der Schule nach Hause kam. Sie habe ihm verboten, das Geburtstagsfest eines Freundes am selben Abend zu besuchen. Thomas berichtete, dass er plane, die nächste Nacht bei seinem Freund zu verbringen. Er hoffe darauf, dass seine Mutter am Samstag dann besser gelaunt sein würde. Dann fragte er noch, ob er mich am Montag sprechen könne. Ich gab ihm meine private Telefonnummer und sagte, er solle mich anrufen, falls er am Wochenende ein dringendes Problem habe. Außerdem musste er mir versprechen, seine Mutter von seinem Freund aus anzurufen und ihr zu erzählen, wo er ist.

Nun habe ich das ganze Wochenende über an die Sache gedacht und fürchte, dass ich mich falsch verhalten habe. War es falsch, dass ich Thomas meine private Telefonnummer gegeben habe? Wie hätte ich mich Ihrer Meinung nach verhalten sollen?

Das fragt eine besorgte Lehrerin

Antwort von Jesper Juul:

Vielen Dank für Ihren offenen Brief. Ihr Fall zeigt in meinen Augen, dass sich selbst erfahrene und kompetente Fachleute zuweilen ungeschickt verhalten, da sie ihre Fähigkeiten falsch einschätzen und sich zu wenig zutrauen. In meinen Augen haben Sie daher ebenso *richtig* wie *falsch* gehandelt.

Wenden wir uns zunächst der familiären Situation von Thomas zu: Es handelt sich um eine Familie, die aufgrund der psychischen Krankheit des Vaters seit Jahren einem enormen Stress ausgesetzt ist. Der Vater lebt in seiner eigenen Welt. Die Mutter kämpft verbissen darum, die Familie zusammenzuhalten und das Wohlergehen ihrer Kinder zu sichern. Gleichzeitig hat sie große Angst davor, das psychische Leiden ihres Mannes könne erblich sein. Thomas hat seinen Vater, zu dem er offensichtlich eine enge Bindung hat, durch die Krankheit verloren. Der Vater befindet sich in psychiatrischer Behandlung, und die Mutter hat sich vorgenommen, alles aus eigener Kraft zu bewältigen. Thomas kooperiert und hält sowohl seine Gedanken als auch seine Gefühle unter Verschluss, steht dadurch also selbst unter enormem Druck. Mehrmals hat er in der Schule die Kontrolle über sich verloren und ist gewalttätig geworden, doch hat er nach diesen Vorfällen die Kritik eingesehen und sein Verhalten gebessert. Aber da er sich selbst sehr stark kontrollieren muss, reduziert diese extreme Selbstkontrolle seine Empfindungsfähigkeit. Er hüllt sich quasi in einen Panzer ein und merkt seit einiger Zeit, dass seine Beziehungen zu anderen Menschen zunehmend distanziert und unpersönlich werden.

Thomas hat das Gefühl, mit seinen Ohren stimme etwas nicht. Glücklicherweise begegnet er in Ihnen einer verständnisvollen Lehrerin. Sie verstehen offensichtlich etwas von Psychosomatik und sind dazu in der Lage, einem 14-Jährigen zu vermitteln, dass es hilfreich ist, mit einem anderen Menschen über seine Gedanken und Gefühle zu sprechen. Dass Thomas Ihre Frage, ob er mit jemandem darüber reden wolle, mit Ja beantwortet, ist für einen Jungen in seinem Alter alles andere als eine Selbstverständlichkeit. Die Krankheit seines Vaters ist ihm peinlich, und von seiner Mutter hat er gelernt, dass man sich zusammennehmen und seine eigenen Bedürfnisse in den Hintergrund schieben muss, um den Zusammenhalt der Familie zu wahren. So ist er hin- und hergerissen zwischen seinem Bedürfnis nach Kontakt und Aussprache sowie der Loyalität seiner Familie gegenüber. Vielleicht teilt er sogar die Angst seiner Mutter, er könne die unheilvolle Veranlagung seines Vaters geerbt haben – entweder weil seine Mutter dies zu ihm gesagt hat oder weil er selbst nicht verstehen kann, warum er ohne ersichtlichen Grund plötzlich die Kontrolle über sich verliert.

Hätten Sie als Lehrerin den Mut gehabt, Ihrer langjährigen Erfahrung als Pädagogin, Mensch und Mutter zu vertrauen, dann hätten Sie das Richtige getan: Sie hätten sich mit Thomas zusammengesetzt, hätten mit ihm eine oder eineinhalb Stunden lang geredet und ihn dann gebeten, nächste Woche wiederzukommen. Damit hätte Thomas genau das bekommen, was er am meisten braucht, nämlich die Möglichkeit, mit einem Menschen seines Vertrauens über sich selbst zu sprechen. Stattdessen haben Sie ihn zu einem Psychologen geschickt.

Dass Sie Ihren fachlichen und menschlichen Kompetenzen nicht trauen, beruht auf der Fehlannahme, dass ein Psychologe kraft seiner Ausbildung besser als andere in der Lage sei, mit einem Jungen wie Thomas zu reden. In Wahrheit ist er jedoch dazu nicht besser geeignet als Sie selbst (oder der Fußballtrainer oder beispielsweise der Leiter des Jugendzentrums). Er ist allenfalls kompetenter, wenn es darum geht, eine genaue Diagnose zu stellen. Ein empathisches und sinnvolles Gespräch können Sie ebenso gut selbst mit Thomas führen. Vertrauen Sie auf Ihre Erfahrung!

Ihre falsche Einschätzung der Situation hat für Thomas ernsthafte Konsequenzen: Er erlebt den Verweis an einen Psychologen als Bestätigung, dass er womöglich ebenso krank ist wie sein Vater.

Ganz gleich wie beschlagen ein Psychologe auch sein mag, das Selbstbild des Jungen wird durch den Umstand, »zum Psychologen zu müssen«, nicht gerade gestärkt.

In diesem Licht betrachtet, wirkt auch Ihre Erklärung, psychosomatische Reaktionen seien etwas ganz Normales, etwas unglaubwürdig und scheint Thomas zu beunruhigen.

Der Vorschlag, einen Psychologen zurate zu ziehen, bedeutet zum einen, dass Thomas die Loyalität gegenüber seinen Eltern brechen muss, und zum anderen, dass seine Mutter davon erfährt, bevor er die Hilfe bekommt, die er haben möchte. Sein existenzieller Konflikt zwischen dem Schutz seiner Integrität und der Loyalität seinen Eltern gegenüber mündet in einem offenen Konflikt mit seiner Mutter, wobei der Verweis an einen Psychologen die »Überlebensstrategie« seiner Mutter eher noch zu bestätigen scheint: Man muss sich zusammennehmen und sich durchschlagen, so gut man kann. Anders gesagt: Es zahlt sich letztlich nicht aus, mit anderen über seine Gedanken und Gefühle zu sprechen. Hinzu kommt ein verfestigtes Selbstbild, nicht »in Ordnung« zu sein.

Sollte dies dazu führen, dass Thomas die Hilfe des Psychologen ablehnt oder seinen Schutzpanzer in Gesprächen beibehält, wird sein innerer Überdruck weiter ansteigen und sein Sozialverhalten unweigerlich dergestalt prägen, dass er sich noch stärker von anderen Menschen isoliert fühlt. Noch schlimmer sieht es aus, falls es dem Psychologen nicht gelingt, einen vertrauensvollen *persönlichen* Kontakt zu Thomas herzustellen. Da Thomas in seiner Familie gelernt hat, kooperativ und also stumm zu sein, wird er dem Psychologen gegenüber sicher dieselbe Strategie wählen, und der Junge, der es eine Woche zuvor gewagt hatte, sich Ihnen gegenüber ein wenig zu öffnen, wird als verschlossen und unzugänglich beschrieben werden. Inwieweit dies problematisiert wird, hängt ausschließlich von der fachlichen und persönlichen Integrität des Psychologen ab, der in seiner schriftlichen Beurteilung bestenfalls vermerken wird, dass »Thomas, der sich gegenüber der Klassenlehrerin gesprächsbereit gezeigt hat, *mir gegenüber* verschlossen und nicht gewillt ist, einen persönlichen Kontakt zuzulassen. Daher schlage ich vor, dass Thomas weiterhin die Möglichkeit gegeben wird, mit der Klassenlehrerin zu sprechen«.

Doch so etwas wäre die Ausnahme. Am wahrscheinlichsten ist, dass die Sache »korrekt« behandelt wird: Sie oder der Psychologe werden das zuständige Jugendamt benachrichtigen, das wiederum Kontakt mit Thomas' Mutter aufnehmen wird. Da sie als Folge der innerfamiliären Situation all ihre Kraft nach innen gerichtet hat, wird sie die Einmischung des Jugendamts sicherlich als »unangemessen«, »kränkend« und »diffamierend« empfinden. Und ganz gleich ob sie sich wortkarg zu entziehen versucht oder sich dem Jugendamt aggressiv widersetzt, wird man dies als Bestätigung dafür ansehen, dass die Familie Hilfe braucht. Vermutlich wird dies zu einer gut gemeinten Initiative führen, bei der man sowohl die psychiatrische Einrichtung, in der Thomas' Vater untergebracht ist, als auch Thomas' Psychologen kontaktiert. Und dies wird zweifellos das Gefühl der Mutter verstärken, die Geschicke ihrer Familie nicht mehr selbst bestimmen zu können. Je offensiver sich das Jugendamt verhält, desto mehr fühlt sich die Mutter in die Defensive gedrängt.

Sollte sich bei einem Hausbesuch durch einen Mitarbeiter des Jugendamts herausstellen, dass Thomas' kleine Schwester sich gut entwickelt, würde die ganze Sache zunächst ein wenig in den Hintergrund rücken. In der Familie wäre die Mutter jedoch erschöpfter und frustrierter als je zuvor und hätte noch weniger Energie übrig, um Thomas den Kontakt bieten zu können, der ihm fehlt und den selbst der größte Experte nur unzulänglich ersetzen kann.

Thomas' Situation wird sich in diesem Fall also weiter verschlechtern, und so ist es nur eine Frage der Zeit, wann der Ballon platzt. Wenn er es tut, wird dies mit großer Wahrscheinlichkeit in der

Schule passieren, und da die Familie als nicht kooperativ abgestempelt ist, werden sich alle Bemühungen auf Thomas konzentrieren. Als Erstes wird man Thomas vorschlagen, die Schule zu wechseln, was mit Sicherheit nur die etwaigen Probleme löst, die seine jetzige Schule mit ihm hat. Falls Thomas Glück hat, findet sich an der neuen Schule ein Erwachsener, der ihm behilflich ist, sein Vertrauen in sich und in die Gesellschaft wiederherzustellen. Ist dies nicht der Fall, kann er sich auf ein jahrelanges Spießrutenlaufen durch die langen Reihen wohlmeinender Experten einrichten.

Seine Mutter wird ihr Selbstgefühl in der Zwischenzeit noch mehr verloren haben und zu Hause immer weniger Energie für ihre Familie aufbringen können. Darunter wird dann auch ihre kleine Tochter immer stärker leiden.

Die Behörden sind einem unglücklichen 14-Jährigen so korrekt entgegengetreten, dass drei unglückliche Menschen die Folge sind. Nicht etwa weil die eingebundenen Experten gleichgültig oder unprofessionell gewesen wären, sondern weil die korrekten Behördenwege in diesem Fall persönliche Gespräche verhindert haben.

Ich appelliere daher an alle, die beruflich oder ehrenamtlich mit Kindern in der Pubertät zu tun haben, bei auffälligem Verhalten oder bei offensichtlichen Problemen, die die Jugendlichen haben, das direkte Gespräch mit ihnen zu suchen.

Wenn die Eltern für die Jugendlichen – aus welchen Gründen auch immer – als Gesprächspartner nicht infrage kommen, sind die Lehrer oder Fußballtrainer oder Betreuer im Jugendzentrum gefragt.

Scheuen Sie sich also nicht, Thomas auch künftig Ihre Hilfe anzubieten, wenn Sie das Gefühl haben, dass er Sie braucht. Dass er Sie von sich aus angesprochen hat, zeigt, wie wichtig Sie für ihn als Bezugsperson sind. Vertrauen Sie in Ihre Fähigkeiten!

Anhaltende Pubertät oder dumme Mutter?

“

Ich bin alleinerziehende Mutter von zwei Söhnen im Alter von 18 und 20 Jahren. Seit acht Jahren bin ich geschieden. Der Vater der Kinder war meist abwesend, und ich habe längst aufgehört, irgendwelche Forderungen an ihn zu stellen. Ich betrachte ihn als Hobbypapa und freue mich darüber, wenn er hin und wieder Zeit für seine Söhne findet und etwas mit ihnen unternimmt.

Bis vor drei, vier Jahren habe ich ein gutes Verhältnis zu meinen Jungs gehabt. Wir konnten immer über alles miteinander reden. Zu Hause machen sie sich nützlich und kümmern sich beispielsweise um die Wäsche. Doch der Älteste ist extrem unordentlich geworden und richtet in kürzester Zeit ein Riesenchaos an. Außerdem macht er sich einen Spaß daraus, plötzlich loszubrüllen und mich zu erschrecken, wenn wir auf dem Sofa sitzen. Das hat in der Pubertät angefangen und bis heute nicht aufgehört. Wenn er im Wohnzimmer isst, lässt er seinen Teller bis zum nächsten Abend dort stehen.

Diese jugendlichen Flausen gehen einfach nicht vorüber, so fasse ich das jedenfalls auf. Gleichzeitig fürchte ich, dass er die unberechenbare Launenhaftigkeit seines Vaters geerbt hat. Denn mein Exmann war nicht gerade von der gutmütigen Sorte.

So schlimm ist mein Ältester zwar auch wieder nicht, doch sehe ich gewisse Parallelen zum Verhalten seines Vaters. Ganz gleich wie ernst ich es meine, fasst er mich ironisch auf. Als er zum Beispiel eine Leiter an die Hauswand lehnte, weil er aufs Dach wollte, um sich zu sonnen, sagte ich: »Lass die Leiter einfach stehen, ich brauche sie später noch.« Da tut er so, als ob er mich nicht versteht. Also wiederhole ich: »Lass die Leiter bitte stehen, ich will sie nachher noch benutzen.« Darauf sagt er zu mir, ich würde in Rätseln sprechen. »Machst du einen Spaß mit mir?«, fragt er. Darauf habe ich nichts mehr gesagt. Ich bin es leid, niemals ernst genommen zu werden. Manchmal denke ich, das ist seine Art, einen Scherz zu machen oder ironisch zu sein.

All das macht mich traurig und führt dazu, dass ich mich als Mutter für gescheitert halte. Manchmal weiß ich nicht, was in seinem Kopf vor sich geht. Manchmal glaube ich zu ahnen, warum er mich für ironisch hält. Ich habe ihm schon so oft gesagt, dass er auch den Mülleimer treffen soll, wenn er etwas wegwirft, damit die Essensreste nicht in der Küche auf dem Boden liegen bleiben. Was die Leiter anging, hat er wahrscheinlich gedacht, ich wolle in Wahrheit, dass er sie wieder wegräumt. Ich habe ihn schon öfter gefragt, warum er mich für ironisch hält, obwohl ich es nicht bin. Dann bekomme ich zu hören, dass ich doch ständig ironisch wäre. Das glaubt er meinem Gesichtsausdruck anzusehen. In solchen Momenten hört er sich wie mein Exmann an, doch ich weiß nicht, wie ich meine Stimme oder meinen Gesichtsausdruck ändern soll, damit er mich ernst nimmt.

Wenn ich irgendwas nicht verstehe, dann brüllt er mit verärgerter Stimme einfach los. Mit 15 hat er damit angefangen. Jetzt ist er 20 und brüllt mich immer noch an. Hört das denn niemals auf?

Mein Freund sagt, meinem Sohn gehe es gut bei mir – er wisse gar nicht, wie gut es ihm gehe. Ich habe versucht, gleichzeitig Vater und Mutter zu sein und meine Söhne besonders gut zu behandeln, wenn ihr Vater sie schlecht behandelt hat. Bin ich zu weit gegangen? Oder muss ich ihnen noch mehr Verständnis entgegenbringen?

Ich bin es leid, dass er unsere gemeinsamen Regeln, die für alle gelten, was die Ordnung im Haus angeht, nicht respektiert. Gleichzeitig habe ich das Gefühl, ständig auf der Hut sein zu müssen, damit er mich

nicht für ironisch hält. Doch in Wahrheit habe ich keine Ahnung, wie ich das verhindern soll.
Ich selbst finde mich gar nicht ironisch, aber er ist da offenbar anderer Ansicht. In trüben Stunden höre ich nur die Stimme meines Exmanns und glaube, dass er meinem Sohn diese Dinge über mich erzählt hat. Die Jungen mussten ihre ganze Jugend hindurch auf ein männliches Rollenmodell verzichten. Vielleicht wissen sie einfach nicht, wie sich ein erwachsener Mann gegenüber einer Frau verhält.
Ich habe das alles satt und will nur noch mit meinem Freund allein sein. In ihm habe ich jedenfalls einen erwachsenen Gesprächspartner. Ich bin verzweifelt, weil ich mich ständig frage, ob mein Sohn verrückt ist oder ich – oder wir beide. Seit Kurzem träume ich davon, dass er auszieht, und habe ein schlechtes Gewissen deswegen. Ist das normal für Familien, die Kinder in diesem Alter haben?

Eine Mutter, die auf Ihre Hilfe hofft

Antwort von Jesper Juul:

Keine Sorge, mit Ihren beiden Söhnen ist alles in Ordnung. Ihr Verhalten ist recht typisch für Jungen, die eine besonders verständnisvolle Mutter und einen abwesenden Vater haben. Ich kann natürlich nicht beurteilen, ob Sie ironisch sind, doch scheint es mir auf der Hand zu liegen, dass Ihre Söhne Ihre Kommunikation als unklar empfinden, aber ihrerseits nichts unternehmen, um Ihnen zu helfen, sondern Ihren wunden Punkt ausnutzen.

Es geht hier nicht um Ihren Exmann und seine Rolle. Es geht um Ihre Beziehung zu Ihren beiden Söhnen, die tatsächlich, wie Sie schreiben, noch nicht richtig wissen, »wie sich ein erwachsener Mann gegenüber einer Frau verhält«.

Lassen Sie Ihren Ehrgeiz, zugleich Mutter und Vater sein zu wollen, hinter sich. Diese Prüfung haben Sie mit Bestnote bestanden.

Jetzt ist es an der Zeit, Ihrem Ältesten in die Augen zu blicken. Nehmen Sie das Heft in die Hand und treten Sie aus Ihrer Mutterrolle heraus.

Greifen Sie zu Papier und Stift und notieren Sie Ihre fünf wichtigsten Forderungen, die Sie an Ihren Sohn bezüglich seines Verhaltens haben. Jeder Punkt beginnt mit: »Ich will, dass du …« Schreiben Sie nur auf, *wie* Sie es haben wollen. Nicht, was er unterlassen soll. Lesen Sie Ihren Text dann im Stillen und vergewissern Sie sich, ob es das ist, was Sie wirklich wollen. Wenn Sie sich jetzt als »schlechte Mutter« fühlen, dann sind Sie auf dem richtigen Weg!

Dann rufen Sie Ihren Sohn und wählen ungefähr folgende Worte: »Wenn du weiterhin mit mir zusammenwohnen willst – wozu du gerne eingeladen bist –, muss das zu bestimmten Bedingungen geschehen. Ich höre sofort auf, die Mutter für dich zu spielen, und du hörst auf, den Teenager zu spielen. Ich bin es leid, ständig für ironisch gehalten zu werden. Deshalb habe ich ein paar Dinge aufgeschrieben, und ich will, dass du dazu Stellung beziehst.«

Geben Sie ihm die Möglichkeit zu einer kurzen Entgegnung und beenden Sie das Gespräch – ganz gleich wie diese Entgegnung vonseiten Ihres Sohnes ausfällt.

Er wird etwas Wichtiges darüber lernen, wie man eine Frau respektvoll behandelt, und Sie werden etwas Wichtiges darüber lernen, wie man sich Männern gegenüber verhält, ohne sich von ihrem Wohlwollen oder ihrem Willen, zwischen den Zeilen zu lesen, abhängig zu machen.

Adressen und Websites, die weiterhelfen

familylab International

Jesper Juul gründete 2004 das Elternberatungsprojekt »familylab International«. Schon wenig später folgten weitere Familienwerkstätten in Norwegen, Dänemark, Slowenien, Schweden, Italien, Deutschland, Österreich, Kroatien, Schweiz, Australien und Frankreich, die eng mit ihm zusammenarbeiten.

Die Familienwerkstatt, deren deutsche Organisation 2006 von Mathias Voelchert gegründet wurde, bietet Eltern, aber auch Lehrern und allen, die täglich mit Eltern und Kindern arbeiten, Seminare, Workshops und Vorträge zu folgenden Themen:

- Authentisch erziehen,
- Elterliche Führung,
- Die Patchworkfamilie,
- Konflikte als Wachstumschance,
- Nein – mit gutem Gewissen,
- Pubertät. Wenn Erziehen nicht mehr geht,
- Vom Paar zur Familie,

um nur einige zu nennen.

familylab möchte Eltern dabei helfen, die durch Jesper Juuls Bücher gewonnenen Erkenntnisse im Alltag umzusetzen. Dabei erwartet sie ähnlich wie bei Jesper Juul kein Erziehungsregelwerk oder eine Schritt-für-Schritt-Anleitung. familylab versteht sich vielmehr als Familienlabor, in dem man gemeinsam experimentiert und voneinander lernt. Die Familienwerkstatt möchte die Teilnehmer inspirieren und beraten. Dabei wird immer von der individuellen Voraussetzung jeder einzelnen Familie ausgegangen, und es wird versucht, aktuelle Konflikte auf die Familie zugeschnitten zu lösen. Jeder Einzelne soll sich und die Familie dabei als Teil eines lebendigen Prozesses entdecken und seine ganz persönlichen Werte entwickeln. Bei den Seminaren können in der Regel in kleinen Gruppen konkrete Fragen, Themen und vor allem die Konflikte aus dem Familienalltag der Teilnehmer beleuchtet werden, um nach neuen, heilsameren Wegen des Miteinanders in der Familie zu suchen. Dabei geht es nie darum, was Eltern alles falsch machen, sondern darum, sich weiterzuentwickeln. Vorkenntnisse sind nicht nötig, nur die Bereitschaft zu Offenheit und der Mut, sich persönlich verändern zu wollen. Erziehung ist »learning by doing«, bis man schließlich einen eigenen Weg gefunden hat.

Deutschland
familylab.de
Mathias Voelchert GmbH
Amalienstraße 71
80799 München
089 21949971
www.familylab.de
info@familylab.de

Österreich
familylab.at
Katharina Weiner GmbH
Neuwaldegger Straße 35/2/4
1170 Wien
+43 (0)650 9933961
www.familylab.at
info@familylab.at

Schweiz
familylab.ch
Family Management GmbH
Caroline Märki-von Zeerleder
Lindenhofrain 6
8708 Männedorf
+41 (0)78 7883879
www.familylab.ch
cmaerki@familylab.ch

Bücher und DVDs, die weiterhelfen

Bücher von Jesper Juul

Aus Erziehung wird Beziehung. Authentische Eltern – kompetente Kinder; Herder

Das Familienhaus; Kösel

Dein kompetentes Kind. Auf dem Weg zu einer neuen Wertgrundlage für die ganze Familie; Rowohlt

Die kompetente Familie. Neue Wege in der Erziehung; Kösel

Elterncoaching. Gelassen erziehen; Beltz

Grenzen, Nähe, Respekt. Auf dem Weg zur kompetenten Eltern-Kind-Beziehung; Rowohlt

Mann & Vater sein; Kreuz Verlag

Nein aus Liebe. Klare Eltern – starke Kinder; Kösel

Pubertät. Wenn Erziehen nicht mehr geht. Gelassen durch stürmische Zeiten; Kösel

Unser Kind ist chronisch krank. Ein Ratgeber für Eltern; Kösel

4 Werte, die Kinder ein Leben lang tragen; Gräfe und Unzer

Was Familien trägt. Werte in Erziehung und Partnerschaft. Ein Orientierungsbuch; Beltz

Was gibt's heute? Gemeinsam essen macht Familie stark; Beltz

mit Peter Høeg u.a.: *Miteinander. Wie Empathie Kinder stark macht;* Beltz

mit Helle Jensen: *Vom Gehorsam zur Verantwortung. Für eine neue Erziehungskultur;* Beltz

familylab-Schriftenreihe

01 *Frau & Mutter. Ein solidarischer Essay aus der Perspektive eines Mannes;* edition + plus Mathias Voelchert GmbH
02 *Wollen wir wirklich starke und gesunde Kinder? Ein politischer Essay;* edition + plus Mathias Voelchert GmbH
03 *Leitwolf sein. Elterliche Führung der Zukunft und ihr geschichtlicher Hintergrund;* edition + plus Mathias Voelchert GmbH

Weitere Bücher

Norwood, Robin: *Wenn Frauen zu sehr lieben;* Rowohlt
Voelchert, Mathias: *Chancen verlieben sich. Wie Partner sich immer wieder neu entdecken können;* Kösel
Voelchert, Mathias: *Trennung in Liebe;* Kösel

DVDs von Jesper Juul

Familien mit Vorschulkindern – vom Paar zur Familie. Zehn Familien arbeiten mit Jesper Juul, 2 DVDs
Fünf Grundbausteine für eine Familie, 2 DVDs
Kinder, Familien, Schule unter Druck, 2 DVDs
Pubertät ist eine Tatsache, keine Krankheit. Zehn Familien arbeiten mit Jesper Juul, 2 DVDs
Werte in Familie und Partnerschaft. Was Familien brauchen und können. Ein Vortrag von Jesper Juul auf DVD
mit Gerald Hüther: Erziehen mit Herz und Hirn
mit Helle Jensen: Die 9. Intelligenz – die Intelligenz des Herzens
mit Mathias Voelchert: Trennung und dann. Trennung – Kinder – 2 Zuhause. 3 Vorträge für Paare und Familien auf DVD
Alle DVDs sind bei familylab.de erschienen und im dortigen Shop zu beziehen.

Register

Impressum

Herausgeber: Mathias Voelchert

Projektleitung: Reinhard Brendli

Übersetzung: Knut Krüger

Lektorat: Irmela Sommer

Umschlaggestaltung: independent Medien-Design, Horst Moser, München

Innenlayout: Sabine Krohberger, ki 36 Editorial Design, München

Herstellung: Renate Hutt

Satz: Christopher Hammond

Lithos: Repro Ludwig, Zell am See

Druck und Bindung: GGP Media GmbH, Pößneck

Printed in Germany

ISBN 978-3-8338-4021-0

1. Auflage 2015

Illustrationen: Martin Haake (Cover: Shutterstock)

Syndication: www.jalag-syndication.de

Hinweis: Die Namen der Kinder in einigen Elternbriefen wurden von der Redaktion geändert.

www.facebook.com/gu.verlag

QUALITÄTS G|U GARANTIE

Liebe Leserin, lieber Leser,

haben wir Ihre Erwartungen erfüllt? Sind Sie mit diesem Buch zufrieden? Haben Sie weitere Fragen zu diesem Thema? Wir freuen uns auf Ihre Rückmeldung, auf Lob, Kritik und Anregungen, damit wir für Sie immer besser werden können.

GRÄFE UND UNZER Verlag
Leserservice
Postfach 86 03 13
81630 München
E-Mail:
leserservice@graefe-und-unzer.de

Telefon: 00800 / 72 37 33 33*
Telefax: 00800 / 50 12 05 44*
Mo–Do: 8.00–18.00 Uhr
Fr: 8.00–16.00 Uhr
(gebührenfrei in D, A, CH)*

Ihr GRÄFE UND UNZER Verlag
Der erste Ratgeberverlag – seit 1722.

GRÄFE UND UNZER

Ein Unternehmen der
GANSKE VERLAGSGRUPPE